1歳からの子連れ辺境旅行

井原三津子

知恵の森文庫

この作品は知恵の森文庫のために書下ろされました。

プロローグ

彩乃《あやの》、現在7歳の女の子。もうすぐ小学校2年生である。まだ甘えん坊のおチビちゃんだが、実は渡航歴29回、行った国は45カ国を数える。それも、グアムやサイパン、ハワイなどのメジャーな旅先ではなく、アフリカや中近東、南米にシルクロードといった辺境の国々がメインだ。海外に行き始めたのは生後8カ月目からで、今回お届けするのは、それから約6年間の旅の記録である。

まず、なぜこんなに小さな子供を連れて世界中を旅することになったのか、そのいきさつをお話ししておかないといけないだろう。

私こと彩乃のママと、パパは海外旅行の会社を経営している。名前はファイブスタークラブといって、世界各地、とりわけ辺境の地を得意とする会社だ。もともと二人共旅が好きで、某旅行会社で長年にわたって旅行業に携わってきたのだが、自分たちの会社をやりたくなって仲間5人でファイブスタークラブを立ち上げたのであった。

意気揚々と会社を始めて2年目、スタッフも増え始め、何とか軌道に乗ってきた時、突然予期せぬことが起こった。私が妊娠したのだ。結婚して10年、特に子供を作ろうという努力もせず、DINKSを楽しみ、二人で旅行をしてきた。私が当時で130カ国余り、パパなど140カ国以上を旅してきた、いわば旅のマニアであり、旅の強者《つわもの》と人々から言われてきた。子供は欲しいけれど、まあできなければそれでもいいかな、でもやっぱりそろそろ一人は欲しい。私がそんなふうに望み始めた矢先である。まさかできるとは思ってもみなかった。

1996年1月1日。ブラジルを旅行中だった私たちは、旅先で迎えた元旦に、初詣のかわりに出かけたサルバドールにある霊験あらたかな「奇跡の教会」に参った。そこで私は密かに願をかけたのだった。「子供ができますように……」と。そして、教会の名前が書かれたリボンを手首に結びつける。「これは願いが叶うまではずさないように」と言われた。

日本へ帰り、さすがに薄汚れてきたリボンだったが、冬なのでセーターで隠していた。同年4月、ゴールデンウィークの旅先ミャンマーで、私は平気で象に乗り、お酒を飲んでいた。ところが、帰国後、からだに異変を感じてもしやと病院へ駆け込んでの妊娠発覚だった。私は、妊娠3カ月目に何も知らず象に乗ったり、ハードな旅をしていたわけだ。

この話は信じてもらえないかもしれないが本当の話で、私にとっての奇跡は起こるべくして起こった。1996年11月8日、彩乃は無事、この世に生を受けたのであった。

我が子の存在がこんなに可愛いものだと、子供が生まれるまで考えもしなかったのだが、もう、あまりの可愛さに感動の連続だった。旅がすべてだった私が、子供をめぐる新しい世界を知ったことも嬉しかった。無信教の私だが、神様に感謝ばかりしていたほどだ。そして、さすがに半年はどこにも行かずおとなしくしていた。ふにゃふにゃの赤ん坊を抱えては、いくらなんでも海外旅行は難しいし、可哀想だからである。

子育ての楽しみもそこそこに、産後2カ月目から仕事に復帰し、保育園に朝から夜9時までも彩乃を預けてハードな仕事をこなす日々が続いた。出産前日まで執筆は続けていたので、産後も旅行業務と新聞や雑誌の連載は続けていた。

ファイブスタークラブでは毎年1回、秋に海外社員旅行にでかけるのだが、その年は北京であった。ちょうど彩乃も8カ月目を迎えていたし近い北京ということだし、まあ連れて行っても大丈夫だろうということになり、子連れで参加したわけである。もう一人、別のスタッフの子供で彩乃より1カ月遅れの12月に生まれた太陽君も一緒で、バギー2台、オムツパック2袋のご一行様となった。私としても、ベビーシッターがたくさんいる旅で楽チンだし、太陽君という遊び相手もいることだし、気軽な旅だった。

本格的な辺境旅行に連れて行くきっかけとなったのは、まだ先の話である。その後の旅も彩乃を置いて私とパパの二人旅が続いた。その都度、郷里である京都の両親に東京までわざわざ来てもらい、ベビーシッターを頼んでいた。

私の両親は唯一の孫である彩乃をとても可愛がってくれたものの、すでに高齢だったし、よちよち歩きを始めた赤ん坊の面倒を、1、2日ならまだしも10日も2週間も見るのはかなり辛くなってきた頃だった。「年末年始は勘弁してくれ」とのお達しが、ついに出た。ずっと無理してもらっていたので、もうこれ以上頼むこともできない！

私たちの旅行中、ママがいないのが寂しくて、夜になると「ママー、ママー」と泣き叫んだという母の話を聞くにつけ、置いていくのが身を裂かれるように辛くて、不憫で仕方がなかったこともある。ある旅から戻った夜、すでに寝ついていた彩乃だが、枕元で久しぶりに我が子の寝顔を見つめていると、ママの気配を感じてムクッと起き上がり、「ママー!!」と、すごく嬉しそうな笑顔を見せ、安心してまたコテンとすぐ寝ついたこともあったっけ。もう、彩乃を置いては行けない。私も煮詰まっていた。

私はパパに頼んだ。黙っていてはベビーホテルにでも預けかねないムードだったのだ。

「年末の旅行は彩乃を連れて行きたい!!」

最初は、1歳になったばかりの子供を辺境に連れて行くのはどうかと渋っていたパパだが、事情が事情なので、「仕方ない、リゾートならなんとかなるか」という話にまとまった。行き先はタイの秘境リゾート・クラビ。そして、この旅こそが、我が家の子連れ辺境旅行の序章となったのである。

いつも東京の街中で車ばかり見て暮らしているから、緑と海の自然美にあふれたところがいい。そして、日中離ればなれのママとパパとのんびり過ごさせてやりたい、そう思ったのである。

しかし、パパはとても用心深い性格である。シベリア鉄道に乗って「深夜特急」並みのバックパッカーの長旅をいっぱいし、経験も豊富だし、世界中のあらゆる場所を知り尽くしている、尊敬すべき人物だが、ちょっと極端なところがある。

「子連れのハードな旅だから、飛行機はビジネスクラスでないとダメ」ときた。いつもは遠出する時でもエコノミークラスで我慢しているのに、近場のタイに行くのにビジネスとは贅沢な。でも、パパの条件だから今回ばかりは奮発したのであった。ところが、意外にもこのことが、後に効を奏することになるとは……。

かくして、我が家の子連れ辺境旅行が始まった。

井原　三津子

目次

プロローグ……3

1 タイ Thailand……12
秘境リゾート・クラビ、家族旅行デビュー

2 南アフリカ周遊 South Africa……28
喜望峰……。思えば遠くに来たものだ

3 ミャンマー Myanmar……44
心優しき人々

4 ベトナム&カンボジア Viet Nam and Cambodia……60
発熱にもマケズ「初詣、大家族旅行」

5 ケニア Kenya……76
動物王国、彩乃大喜びの巻

6 ロシア・ルーマニア Russia and Romania……92
中世の都の長閑《のどか》な旅

7 パキスタン Pakistan……108
子供は親善大使

8 ネパール Nepal……124
彩乃とクマ子のバースデー旅行

9 インド……144
India
象タクシーで闊歩する

10 イラン……164
Iran
イラクの隣の安心な国

11 スリランカ・モルジブ……180
Sri Lanka and Maldives
どこが危険度「2」?

12 中東4国周遊……200
Jordan, U.A.E.,Oman and Bahrain
「9・11テロ」直後の中東へ

13 チュニジア……220
Tunisia
千夜一夜物語

14 ナミビア・南アフリカ……240
Namibia and South Africa
幻のヒンバ族と豪華セスナの旅

15 チリ・アルゼンチン……264
Chile and Argentine
感動の氷河とペンギンとMerry Christmas!

16 リビア……280
Libya
未知の国リビアと日本の架け橋を目指して

エピローグ……300

本文デザイン　熊谷智子
MAP　末永靖子

本書に登場する国々

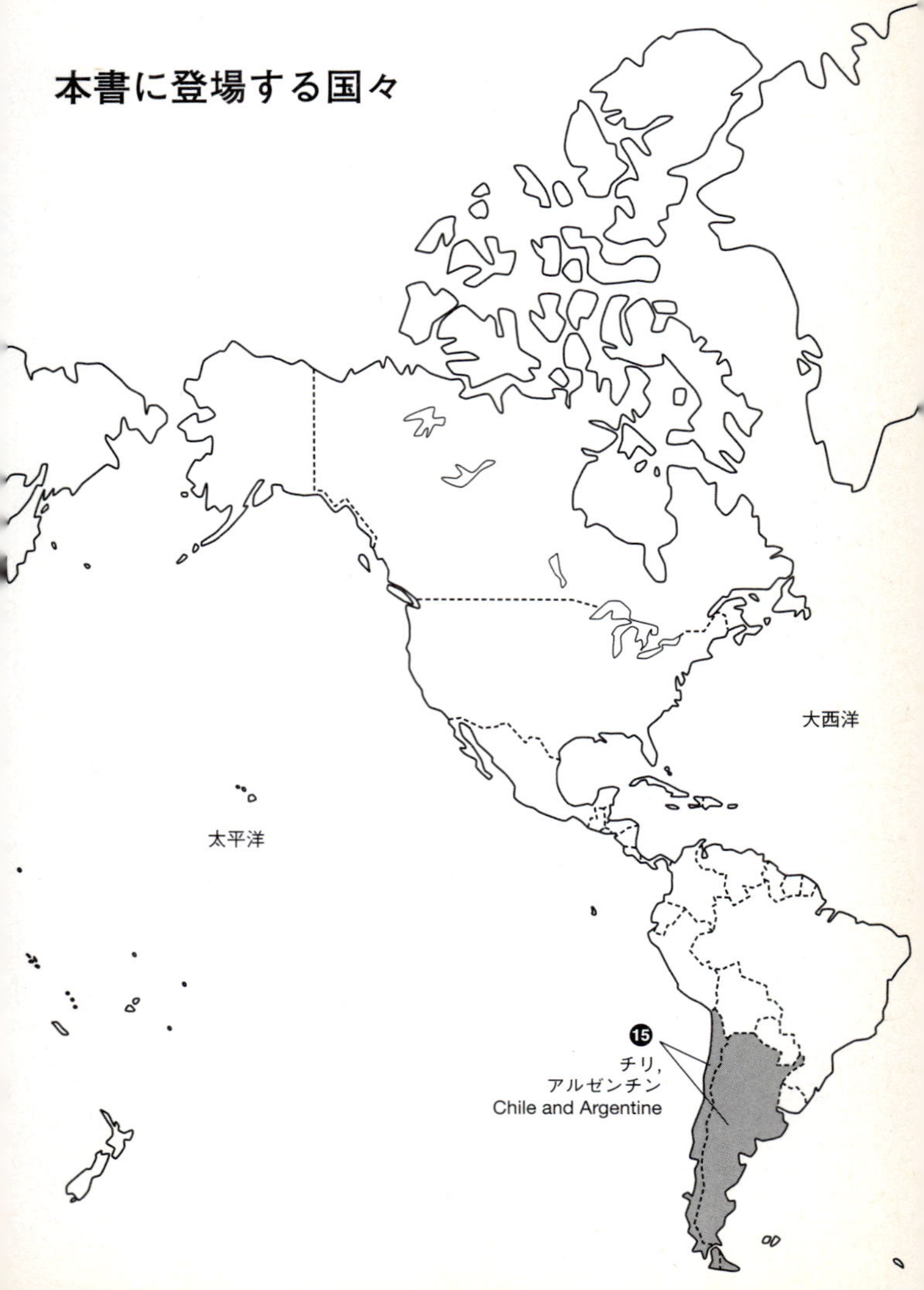
大西洋
太平洋
⓯
チリ，
アルゼンチン
Chile and Argentine

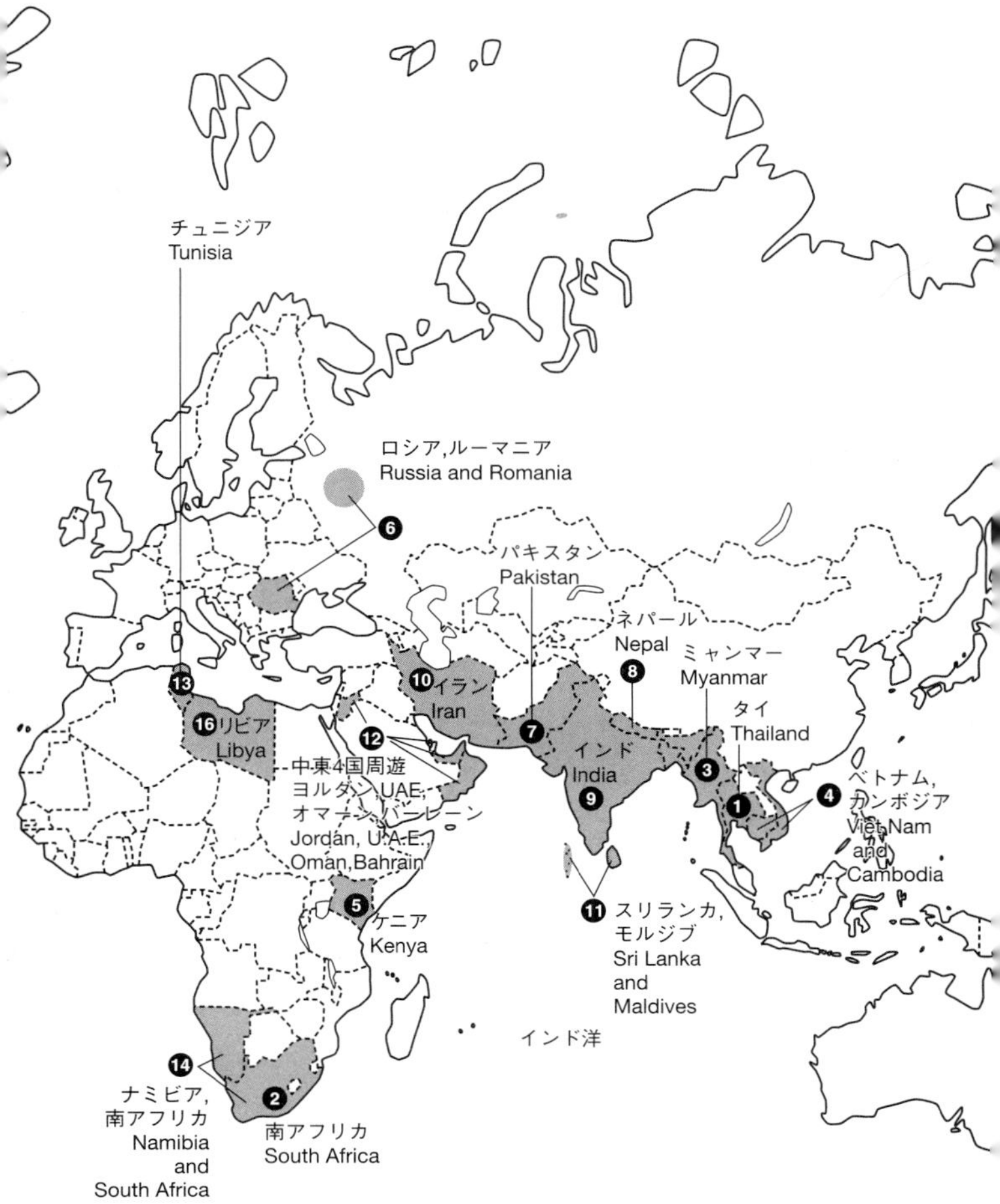

チュニジア
Tunisia
ロシア,ルーマニア
Russia and Romania
6
パキスタン
Pakistan
ネパール
Nepal
8
ミャンマー
Myanmar
タイ
Thailand
10 イラン
Iran
13
16 リビア
Libya
12
7
インド
India
3
1
4
ベトナム,
カンボジア
Viet Nam
and
Cambodia
9
中東4国周遊
ヨルダン,UAE,
オマーン,バーレーン
Jordan, U.A.E.,
Oman,Bahrain
5
ケニア
Kenya
11 スリランカ,
モルジブ
Sri Lanka
and
Maldives
インド洋
14
ナミビア,
南アフリカ
Namibia
and
South Africa
2
南アフリカ
South Africa

1 Thailand

タイ

秘境リゾート・クラビ、家族旅行デビュー

—— 彩乃1歳1カ月 ——

ラヤバディー・プレミア・リゾートにて

Thailand

ルート　シンガポール・プーケット（経由）↓クラビ（タイ）

１９９７・12・29～１９９８・1・4　7日間の旅

彩乃ピンチ！　すわ、キャンセル!?

クラビへの旅は、波乱の幕開けであった。

１９９７年12月29日から新年の1月4日まで7日間の行程で、タイのプーケット２泊、そして陸路で行くクラビに4泊の予定で予約をしていた。クラビでは、以前から泊まってみたかった「デュシット・ラヤヴァディー・リゾート（現ラヤヴァディー・プレミア・リゾート）」の予約が取れたので、喜んでいた。設備も完璧で小さな子連れでも何の心配もなさそうな高級リゾートである。秘境リゾートといっても、ここならパパも安心だろう。

ところが、クリスマスが終わったあたりから雲行きが怪しくなってきた。風邪気味だった彩乃が熱を出したのだ。保育園からの電話で、私は慌てて駆けつけた。出発の4日前になって、38度あまりの発熱である。病院の救急外来で診てもらい、薬を飲んで様子を見ていると、翌日には少し下がった。

もう大丈夫かな、どうかなと思っていると、出発の前日に、なんと39度4分に上がっているではないか。初めての高熱にびっくりである。昨日は熱が下がればOKとのお医者様の許可も出ていたのに、何たること。でも、これじゃあしょうがない。心配なので飛行機の予約はキャンセルした。熱が下がったら京都にでも帰省すれば、ジージ、バーバこと私の両親もみんな喜んでくれるだろうし。完璧に諦めの境地であった。

ところが、翌朝のこと、なんと熱がストンと36度6分に下がった。平熱である。いつも寝つきが悪いのに、この時は信じられないほどずっと寝続けていたせいか、憑き物でも落ちたような不思議なほどの下がり方だ。様子を見ていても一向に上がる気配もなく、急に元気いっぱいになった彩乃。ぐったりしていたのがウソのような回復ぶりだ。

「これはもしかして行けるかも?」体温計を覗き込み、思わず顔を見合わせるパパと私。念のため1時間おきに検温し、もう大丈夫という頃、「明日発の便が取れるかチェックしてくる」とパパは会社へ走った。年末も押し迫った28日の日曜日のこと、普通なら格安航空券の手配先は閉まっていて、どうすることもできないはずだったのが、今回に限ってノーマル正規料金のビジネスクラスである。自由に日付の変更もできるし、ルートだって差額を出せば変えられるのがメリットだ。そして、バンコク経由がもう満席だったので、パパは会社のコンピューターでシンガポール経由のプーケット行きの席を押さえて帰ってきたのである。プーケット2泊は諦めて、シンガポールに1泊、クラビは当初の予定通り4泊というプランに変更した。クラビのホテルは幸いなことに、まだキャンセルをしていなかったのだ。

彩乃グッズで溢れるスーツケース

そして、29日朝、私たち家族は機嫌よく旅に出たのであった。諦めていたのを突然行くことにしたので、荷物のパッキングが大変であった。スーツケースを出すと、当然のことながら、彩乃の荷物から詰め込んでいく。まずは着替えの洋服。暑い所だからかなり汗をかくだろうと予測して、半袖のシャツに半パンツを3セットほど。辺境のリゾートホテルなので、高級といっても子供のTシャツまでは売っているわけがなく、汚すことも考えて多めに。エアコンが効いているので長袖も、長ズボンも用意する。ホテルのディナー用には、この前ポルトガルでお土産に買ってきてやったノースリーブのワンピースを1枚。これは私のお気に入りで、白地の爽やかなコットン素材にきれいな刺繡が施され、とっても愛らしく見えるのだ。エレガントなディナーにももってこいだ。もうひとつはマレーシアで買ったバティック（ろうけつ染）のムームーも役に立ちそう。……というように、どんどん彩乃の荷物は膨らんでいく……。以下、ほかに詰めたものを紹介しよう。

＊パジャマ2ペア
＊紙オムツ1パック
＊離乳食（レトルトのビーフシチュー、サーモングラタン。プラスチックカップ入り数個）
＊哺乳瓶とスティック状に小分けした粉ミルク
＊おやつ（最近のお気に入り「東鳩オールレーズン」と「衛生ボーロ」の袋入り）
＊絵本3冊（お気に入りの「いないいないバア」シリーズ2冊と目新しい絵本1冊。シール絵本は機内での暇つぶしに最適）
＊お絵描きボードのミニバージョン（描いたり消したり、●▲の型押しもできる）

彩乃の場合、あと絶対に忘れてはいけないものが2つ残っていた。それは、おしゃぶりとクマ子。おしゃぶりは大泣きの名人彩乃には必携。念のため、予備にもう1個を忍ばせておく。落とさないように、ヒモを付けて首にぶら下げてやる。

クマ子は彩乃にとって何よりも大切な友達であり、妹分であり、ねんねの道具であった。パパと私がその年の11月に中東を旅した時に、オマーンのショッピングセンターで見つけたクマのぬいぐるみである。フワフワした素材、白くて丸い顔、ピンクの洋服、小さな赤ちゃんグマがリボンで引っ付いている。彩乃の1歳のお誕生日のプレゼントとして、彩乃の前に登場して以来、常にクマ子は彼女の1歳年下の妹となった。とりわけ首に巻かれたつるっとしたリボンがお気に入りで、毎晩そのリボンを触って寝るのが習慣となった。だから、クマ子は旅に必ず連れて行かなければならない存在なのだ。

機内持ち込みの手荷物はボストンバッグが2つ。中身は以下のとおりに揃えた。

＊おもちゃ（ペッタンシール絵本、お絵描きボード）
＊本（絵本1冊）
＊おやつ（「東鳩オールレーズン」、「衛生ボーロ」）
＊着替えの一部（食べ物をこぼしたり、吐いたりするケースもあるのでTシャツ、パンツ、長袖プルオーバー、ズボン、靴下各1ずつ）
＊オムツ数枚（1日分4、5枚）
＊哺乳瓶（スティック・ミルク、リンゴジュース）

＊お医者さんに処方してもらった薬類一式（熱冷まし用座薬、抗生剤、風邪薬のシロップ、下痢止め、赤ちゃん用目薬）ほか冷えピタ、体温計など

バギーが手荷物扱いになるので、スーツケースは1つしか持てない。必然的に彩乃の荷物で4分の3は埋まってしまったスーツケースの隙間に、パパと私の着替えなどを遠慮がちに、そして無理やり押し込んだのであった。常夏のリゾートで助かった。

私はかさ張らずシワにならないワンピースなどをメインに、バリエーションを考える余裕もなく旅立ったわけである。

いざ出発、シンガポール空港にて。クマ子をしっかりと握りしめて。

至れり尽くせりの機内サービス

シンガポールまでは、世界のベスト3の人気があるシンガポール航空の直行便で6時間半の旅であった。初めての長旅だが、機内は気圧のせいで眠くなりやす

クラビからピピ島へクルージング。ディカプリオの映画『ザ・ビーチ』の舞台になった島。

いのか、朝早かったせいか、3時間以上寝てくれて、おとなしくていい子にしていたので私はとても助かった。一番前のスクリーン下のいわゆるバシュネット席（赤ちゃんのゆりかごを取り付けられるので乳幼児用に空けてあることが多い。本来利用できるのは8カ月児ぐらいまでだが、軽めの子供なら1歳を過ぎてもOK）を取ってくれてあったので、眠くなったらバシュネットに寝かせられて楽だった。子供好きのシンガポール人スチュワーデスさんが赤いトナカイの人形やペッタンシール遊びの本をくれたし、赤ちゃんキットもくれた。これにはオムツセット、ベビーローション、シッカロールなどいろいろ入っていて便利だった。さすがはビジネスクラスの行き届いたサービスである。機内に持参したたくさんの本やおもちゃはほとんど使う暇もなく、夕刻シンガポール、チャンギ空港へ到着したのであった。

秘境リゾートは興奮の坩堝《るつぼ》

幾重にも生い茂るヤシの木とエメラルドグリーンの透明な海、背後に切り立った岩山が迫る。クラビの魅力はそんな閉鎖的とも言える空間が生み出す楽園的要素であろう。遥か太古の昔に隆起した巨大な石灰岩の塊は、独特の風景を創り出し、ここに滞在するゲスト

上／ボートでしか来られないという辺鄙さが、無人島気分を味わわせてくれる。ヤシの木に囲まれたコテージは贅沢な一軒家。下／1階のリビングにはシエスタ（昼寝）にもってこいのブランコが。

をなぜか和ませてくれる。

「タイの秘境リゾート」とか「陸の孤島」と称されるクラビは、パンガー湾を挟んでプーケットと反対の、実は本土側に位置する。しかし、プーケットから車で2時間半余り走ってからボートに乗り換えて約20分というロケーションが、まるで絶海の孤島にでも来たような隔絶感を醸し出してくれるのだ。とりわけ今回選んだ「ラヤヴァディー・プレミア・リゾート」はすべてが満点のハイダウェーリゾートであった。ゆったりと広い緑豊かな敷地には芝生が敷き詰められ、ヤシの木々が涼しげな木陰をつくるバンガローは2階建てで円型で何とも愛らしい。アフリカの探検隊の帽子のような形の屋根がまたユニークである。すべて一軒家で、上のフロアーには5人は寝られそうな巨大なベッドと4人は入れそうな丸い大きなバスタブがデン！と居座ったバスルームがある。下のフロアーはリビングルームで、天井からしっかりとぶら下がったブランコがユニークな趣向。ソファ代わりで、ひとりならベッドとしても使える大きさだ。

彩乃はバンガローに足を踏み入れるや、キャーッと絶叫して大喜びで走り回り、階段を見つけると上へも行こうとする。落ちてはいけないので階段の上に慌てて椅子やスーツケースでバリケードを作ってガードする。

さっそく水着に着替えてビーチへ向かう。スヌーピーの黄色い水着がお気に入りで嬉しそう。オムツをはずすので一瞬不安がよぎるが、「日本じゃないし、ま、いいか」と気が大きくなる。彩乃はまだよちよち歩きなのでもっぱらバギーで移動だ。ビーチに着くと、初めて見る海にもう大変なはしゃぎようで、穏やかに波立つ海に向かってバシャバシャと勝手に入っていくので、もう目が離せない。

大きなプールに移動する。子供プールでパシャパシャやった後、大人プールへ連れて入り、プカプカ浮かせると、キエーッと喜びの雄たけびを上げる。私は冷や冷やだったが、プールサイドで優雅にくつろぐ欧米人たちも皆、好意的なまなざしで、可愛いねと言ってくれて助かった。ところが今度は、レモンイエローとピンクの派手なママのビキニが気になる彩乃は、「オッパーイ」と言いながら、すぐビキニの胸をひっぱってボロンと出してしまうので、困り果てた私は、その後、パパにホテルのブティックで肩ひも付きの水着を買ってもらったのだった。

かなり暑い気候なので、バティックのムームーを着せて紙オムツだけで、パンツもはかず裸足なので楽チンだ。でも、昼寝をしていても大汗をかくし、海から戻ると、いきなり水着のままバスルームでウンチは漏らすし、こまめに洗濯しないと服がすぐ品切れ状態となる。ランドリーに出すほどでもなく、小さな洋服ばかりだからと洗って部屋に干していると、いつの間にかエレガントな部屋の中が洗濯物で満艦飾となってしまった。

ディナータイムは、「涙」の10分

高級ホテルだけあって、ディナーはムードのあるセッティングでのビュッフェスタイルだ。本当はルームサービスにすると楽なのだが、ビュッフェの方がいろいろ楽しめるので、頑張ってレストランへ通った。最初のうちはおとなしくしているものの、飽きてくるとウロウロ歩き回りたくて落ち着かない。困っていると、子供好きそうな女性スタッフが近付いてきた。すると上手にサッと抱っこして、「30分くらい散歩に連れていきますので、ごゆっくりお二人でディナーをお楽しみください」と言うや、彩乃に考える暇も与えず、どこかへ消えてしまった。人見知りでママでないと抱っこもさせない彩乃なのに、さすがタイ人、すごい！　と感心しつつ、やったー、ゆっくり食べられるとパパと喜んでいた。が、そんなに甘いもんじゃなかった。10分もすると遠くから彩乃の大泣きの声が……一度泣き出すと他の誰があやそうが絶対に泣き止まない彩乃。この辺は頑固である。仕方なく私のところへ連れて来られ、優雅なディナーは10分で終わりを告げたのであった。

危険はどこにでも潜んでいる

ちょっとした災難は滞在の最終日に起こった。毎日、泳いだり、さんご礁の海がとても美しいピピ島へのアイランドホッピングを楽しんだり、やっぱりリゾートもいいものだと

上／いかにしてディナーを楽しむか。幼児を連れての旅の大きな問題。ビュッフェならスピーディなので、子供が眠くならないうちにパパッと済ませられる。下／ホテルの大きなプールも二人で独占できたのが嬉しい。

思っていた矢先である。

芝生の気持ちいい庭を散歩していると、突然バサッとすごい音がして、ヤシの大きな葉っぱが枝ごと落ちてきたのである。まず私の頭を枝が直撃。そして彩乃の腕にも切り傷が!! 私の方はたんこぶができただけで済んだが、彩乃は血が出てきたので、すっかりこちらが動転した。彩乃自身、最初はキョトンとしていたが、血を見てからさあ大変、大泣きが始まった。急いでホテル内のクリニックに駆け込んで消毒してもらい、包帯をぐるぐる巻きにした姿は哀れを誘ったものである。でも、縫うほどでなく済んだのは不幸中の幸いであった。

それがきっかけだったのかもしれない。パパいわく、

「安心と思ったリゾートでも危険なことは起こる。それだったらもっと辺境に行っても同じや」

そして、次からは徹底して辺境への旅が始まったわけである。やっぱり、極端なパパであった。

子連れ旅行ワンポイント・アドバイス ①

乳児の場合は滞在型がお勧め

１歳児の子供を海外デビューさせるにふさわしい旅の形は、やはりリゾートでの滞在型だろう。ホテルは最低バスタブのある４ツ星以上のレベルを選びたい。離乳食期の赤ん坊に食べさせても安心で衛生的な食事ができて、いざというときにちゃんとしたドクターにかかれるかどうかもポイントだ。食事はルームサービスもお勧め。ストレスのない食事タイムが楽しめるのがいい。また、リゾートの場合は、汗対策に着替えを多めに用意しよう。ただし、アジアの国々は室内の冷房がかなりキツいのでエアコン対策も忘れずに。

●携帯した物：着替え（ディナー用含）、オムツ、離乳食、おやつ、哺乳瓶、粉ミルク、おもちゃ、絵本ほかお気に入りの物、薬一式、バギー

●利用航空会社：シンガポール航空は赤ちゃんキットをもらえる。紙オムツと一緒にベビーローションやシッカロールまで入り充実。バシュネットも用意してくれ、とても快適であった。ただし、あらかじめ予約しておく必要がある（子供サービスは、いずれの航空会社も事前予約が必要）。また、タイの入国審査は子連れだと先に通してくれてとても楽。

●ホテル：「RAYAVADEE PREMIER RESORT（ラヤヴァディー・プレミア・リゾート）」★★★★★　ハイダウェーの静かなリゾートだが、子連れファミリー歓迎のホテル。ベビーシッターのサービスも充実。値段はかなり高め（１泊１室８万円～）だが、初めての子連れ旅の安心を買った。

アフリカ最南端、喜望峰を望む

② South Africa

南アフリカ周遊

喜望峰……。
思えば遠くに来たものだ

―― 彩乃1歳10カ月 ――

South Africa

ルート　ヨハネスブルク（経由）→サンシティ→ソウェト→オッツホーン（ダチョウ農園）→ケープタウン→ケープ半島

1998・9・26～1998・10・6　11日間の旅

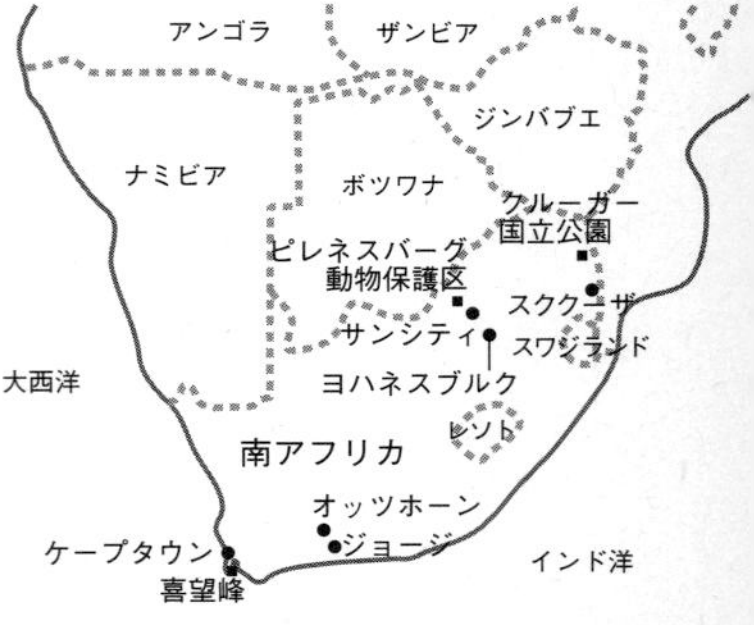

サファリ、家族旅行大計画

本物のサファリ、かねてから私たちは、まず彩乃を辺境に連れて行くなら動物のいるところと考えていた。世界遺産の遺跡やお寺、古い町並みなど子供は喜びもしないけれど、動物は喜ぶはず。サバンナで生き生きとした姿で走り回る野生動物を見ることは、日頃、日本では絶対に味わえない体験となるだろうし、何よりも大自然の雄大さを感じさせてやりたいと思ったからだ。

そして、持ち上がった旅の計画が「南アフリカ周遊・大自然と動物に出会う旅」であった。彩乃1歳10カ月、いろんなことがわかり始め、おしゃべりも片言ながらし始めた年頃であった。

出発前夜の夜。私がスーツケースに荷物を詰め込んでいると、彩乃は心配そうな面持ちで近づいてきた。出発前のバタバタで、仕事の残業をするため、やむなく京都からジージ・バーバにヘルプを頼んでいた。彼らの存在は彩乃にとって、心のどこかに引っかかりがあるようだ。「ジージ・バーバがいる＝ママがいなくなる」の図式が幼い彩乃のなかですでにトラウマとなっているのか。しかもスーツケースを準備しているママは「私を置いてしばらくどこかへ行っちゃう！」となるわけだ。私は彩乃に言った。

「あやの！　ママとパパと一緒にゾウさんやキリンさんに会いに行く？」

不安そうな顔に満面の笑みが広がっていった。……「ハイー!!」

手を上げて元気いっぱいのいい返事をしたのであった。

大泣き名人は所選ばず……

南アフリカへは香港かバンコク経由で飛ぶのがいちばん早い。フライト時間をなるべく短縮させたくて、乗り継ぎで行き着けるところを、あえてバンコクに1泊して行くことにした。バンコク～ヨハネスブルク間は12時間のフライトなので、まあ何とかなるだろう。でも、例によって大泣き名人が夜行便の機内で激泣きしたらどうしよう？　一抹の不安が私の脳裏をよぎる。

保育園のママさん友達の女医さんに相談してみた。ちょっとした目論見についてだ。若くて気さくな人なので、先輩の女医さんがアメリカに赤ん坊を連れてフライトする時「眠り薬」を飲ませたという話を教えてくれ、「別に悪い薬じゃないから大丈夫だよ」と、その薬の名前をメモしてくれた。さっそく行きつけの医院に相談してみると、深い詮索もなしに眠り薬を調合してくれた。「幼子に眠り薬」という多少の罪悪感を振り払い、いざという時のためにという言い訳をしつつ、私はそのオレンジ色のシロップを「彩乃用薬一式袋」に忍び込ませた。こうして準備万端整い出発したのであった、が、出足から思わぬ落とし穴が待っていたのである。

それは自宅から成田へのいつもの道中で起こった。リムジンバスに乗り込む。ずっと調子よくおとなしくしていた彩乃だったが、後半になってぐずり始めたのだ。一瞬いやな予感が……。

あっ、彩乃の大好物であるリンゴジュースを入れ忘れた！　そういう時に限って悲劇は起こる。「アップジューシュ、アップジューシュ！」。突然リンゴジュースを求め、騒ぎ出したのである。早朝無理やり起こして連れてきたのと、喉が渇いていたのだろう、大泣きが始まった。クマ子を出しても投げる、おしゃぶりもべーッと吐き出す、何をしても泣き止まない。高速を走るバスの中、抱っこして歩くわけにもいかず、早朝で寝静まる車中で全員を起こしてしまったことは言うまでもない、最後の10分間。冷や汗どころではなかったパパと私にとって、成田到着前のチャリラリランランランランの音楽とアナウンスが天使の声に聞こえたものであった。

12時間フライトへの挑戦

そういう前歴があったので、バンコクからヨハネスブルクへのフライトには万全を期したつもりであった。バンコクには私の友人一家が住んでいるので、1泊したホテルに友人ファミリーを呼んで一緒にプールで遊んだりして疲れさせ、深夜のフライトに持ち込んだ。バンコクからヨハネスブルクへは南アフリカ航空のフライトだった。

機内食を終え、そろそろ眠くなってきた頃、ぐずりだしそうな予感。私は念のため例のオレンジの薬を一さじ盛ることにした。甘いので喜んでゴクンと飲み干す彩乃。ごめんね。ママを許して。でも、効果テキメン、しばらくしてコトンと寝入ってしまった。私に抱かれ約5時間ぐっすり。普段からもっと寝る子なら問題ないのだが、日頃から眠りが浅く夜泣きにも悩まされていた当時だったので、5時間でも私にとっては奇跡であった。

しかし、夢の5時間の後、「オシャンポ（散歩）」は始まった。機内を歩き回るお姫様の

サンシティの名物ホテル「ザ・パレス」。その豪華絢爛ぶりは、わざわざ泊まりに行くだけの価値大。

お付きの者よろしく、あっちへ行ったりこっちへ来たり、ぐるぐる何周もさせられる。じっとしていないのが子供。このくらいはしょうがないとはいえ、さすがに疲れる。かといって、席に連れ戻ると大泣きモードに。客室乗務員が「どうしたの?」と心配して彩乃をあやしに来てくれるが、「私に任せて!」という自信満々のお姉さま方が一人残らず挫折感を味わうことになろうとは……。仕事とはいえ、ご苦労をかけました。何はともあれ、翌朝ヨハネスブルクに無事到着した。

格調高き「ザ・パレス」の豪華絢爛

南アフリカの旅で最初に訪れたのが、ヨハネスブルク郊外のサンシティ。治安がとても悪くゴーストタウン化しているヨハネスブルク市内には泊まれないので、近郊に開けた新しい町、サントンタウンやこのサンシティに観光客は足を延ばす。サンシティはカジノをはじめ、人工の波のあるプールやゲームセンターなどいろいろ揃うアミューズメントパークで、かなり本格的なサファリのできる「ピレネスバーグ動物保護区」も隣接している。

もうひとつ私の気を引いたのが、ここの名物ホテル「ザ・パレス」の存在。その名のとおり、アフリカ奥地の密林の王国にでもあるような豪華絢爛な宮殿のようなホテル。それも作り物や子供だましではない、本物の格調高いホテルだ。動物をモチーフにした内装はスタンドやカーペット、レターヘッドに至るまで、凝りに凝っていて大人でも楽しめる趣向。エントランスに象の大きな金の彫像があり、外にかかる橋は1時間に1度地震が起こるすごいカラクリがある。噴水の下の洞窟をくぐり抜けレストランに行くと、中庭の池にはアヒルがいて、いつも「ガガー」と喜び、黒人のウェイターさんに抱っこされ泣きそうになる彩乃だった。

待望のサファリに出かけた。クルーガー国立公園に次いで南アで2番目に大きい動物保護区と聞いていたので、その期待は大であった。子連れなので、他のゲストに迷惑がかかるといけないと思い、専用サファリカーまでチャーターしたが、暑い最中の昼間には動物はあまり出てこないのか、現れたのはインパラ、バブーン（ヒヒ）、イボイノシシ、ハイエナ……。大物は現れてくれない。2度目のサファリなど、サファリカーに乗ってガタンゴトンと適度な揺れが始まると、ぐっすりお昼寝に入ってしまった彩乃。約束したはずのゾウさんもキリンさんもその姿を見せてやれず、親としては不完全燃焼のサファリだった。

子供は日本時間で生きる

幼い子は日本時間で生きる。今回それを知らされた。好きな時にバギーで寝られる彩乃にとって、時差の調整など不可能なのか。南アと日本の6時間という時差のせいで、彼女は日々夕方6時半頃には寝て、深夜2時半頃に目覚めるという、日本時間を完璧に引きずった状態が続いた。食事の方は……、

＊リンゴジュース
＊チキン
＊ブドウ
＊バター付きパン

以上の4つが彩乃の大好物かつ必要な栄養源となった。

夕食はルームサービスにしたのだが、その時に取っておいた、なるべくシンプルなチキンの料理「ロースト・チキンブレスト」などの身をほぐした一皿に、一口大にちぎりバタ

ーを塗ったパンと皮をむいたブドウを添えて置いておくと、夜な夜なムクッと起き出すや、手づかみでバクバク食べ始める。もちろん「ママー」と私も起こされるから、もう寝不足だー！

ソウェト黒人居住地区にあるマンデラ氏の住んでいた家を見学。

日本人の子供が珍しい

次に立ち寄った、ヨハネスブルク郊外のソウェトは黒人居住地区として知られる。アパルトヘイトが終焉を迎えた今も、こういうエリアは残されているのだ。かのマンデラ氏がかつて住んでいたという家がミニ博物館となっていて、中に入るとマンデラさんのポートレートが飾ってあった。それを見るなり彩乃は「ジージ！」と叫んだのであった。確かに両者とも白髪頭ではあるが……。

ソウェトでは日本人の子供をはじめて見るといった黒人の子供たちやお兄さんたちが集まってきて、交代で彩乃を抱っこしたがった。こんなところまでやって

オッツホーンのダチョウ農園。「さぁ、ダチョウに乗ってみてください」と案内人。

くる日本人の幼児はさすがにいないんだ。

大人も子供も楽しめるダチョウ農園

そして向かったのは、南アの南西部。ダチョウ農園を見学に行くのが目的で、空路ジョージへ飛び、そこからオッツホーンのダチョウ農園へ。以前、パパと私は訪れたことがあり、あまりにも面白かったので、彩乃に見せてやる計画だ。

何しろ草原のように広い敷地にダチョウがいっぱい飼われ、さまざまなショーや説明がユニークで楽しいのだ。たとえば、大きくて硬いダチョウの卵。この上に乗らせてくれたり、「落としても割れませんよ」と見せてくれたり。ダチョウに乗って記念写真もＯＫ。グニャリと曲がるフレキシブルな首、分厚い羽などにも触って確かめさせてくれる。そして、メインイベントは、やはり人が乗ってのダチョウレース。もともと足の速いことで知られるダチョウだが、ドドド……と向こうから集団で疾走してくる様はかなりの迫力だ。見るも触るも乗るも、珍しいことだらけでおおはしゃぎの彩乃だった。

しかし、今回初めて知ったのが農園の近くにあるアンゴラウサギの牧場であった。あのフワフワのアンゴラセーターの毛糸を取るウサギなので、本当にフワフワだった。グレーや白やらいろいろいて、順番に抱っこさせてくれるのだ。これがもう、見た目どおりのフワフワ感と温かさに可愛さ爆発！　大人でもこうだから、と見ていると、彩乃は抱っこしたまましばらく離そうとしない。ここが今回の旅で一番のお気に入りスポットとなったようである。目をキラキラさせて、ひしとウサギを抱きしめる写真は今見ても嬉しそうだ。

人懐こい喜望峰のペンギンたち

大自然のテーマで今回も訪れたのがケープ半島だ。インド洋と大西洋が目の前でぶつかるシーンが眼下に見渡せる、かのアフリカ南端・喜望峰に向けて、ケープタウンから陸路ケープ半島を日帰りで南下して行く。ケープ半島は動植物の宝庫と呼ばれるが、まさにそのとおりなのが実感できる旅である。

上／野生なのに人に馴れていてビックリ（ケープ半島、ボルダーズビーチにて）右／オッツホーンのアンゴラウサギ農園では、フワフワのウサギを抱っこして記念撮影ができる。まるでぬいぐるみのようだった。

途中、船に乗ってアザラシの島を見学したり、ビーチに集まってくる野生の可愛いペンギンたちに出会ったり。ペンギンは、じっと近くで座っていると、こちらに寄ってきて肩などツンツンしてくれるではないか！　あちこちに野生の花が咲いているのも美しいが、喜望峰にはバブーンも現れたりして、大自然のなかで子供も楽しめる一日だった。

コロニアルスタイルの豪華ホテル「マウント・ネルソン」広い芝生にご満悦の彩乃。

「オシャンポー」付き、テラスランチ

ケープタウンでの宿泊は、私のお気に入りホテル「マウント・ネルソン」を予約しておいた。コロニアルピンクの外観が広々とした芝生のグリーンに映えてなんとも優雅。庭には花が咲き乱れ、この芝生のテラスで頂くサンデーブランチは、朝からシャンパンなど飲みながらとびきりの気分を味わわせてくれるもの。世界中のホテルを探しても、こんなに素敵なシチュエーションは稀だろう。今回はぜひとも彩乃を連れて泊まり、ひらひらの可愛いドレスを着せて、芝生の上を走り回らせたい。母はそんな夢を思い描いていた。

そして、それは優雅なはずのとあるランチタイム。とりあえず、テーブルについた我々三人家族であるが、ひらひらドレスの彩乃は芝生の向こうの鳥たちを見てニコニコ顔。いい感じだ。スープが出てきた。さあ頂こうとスプーンを持ち上げた時である。

「オシャンポー！」

ついに恐れていたことが始まった。いい香りの漂う美味しそうなビスク・ドゥ・オマールの皿を目の隅に捉えつつ、スプーンを置いてまずは私が噴水のところまでお付き合い。戻ってきてパパにバトンタッチし、冷めかけたスープを大急ぎですする私。花壇を見てきた彼らはもうすぐそこだ。もっとゆっくりでいいよ。そう言いたいのをぐっとこらえて、メインディッシュも交代制となったのである。

彩乃の「オシャンポー」はいつまで続くのだろうか。そして不完全燃焼だったサファリへのリベンジはいつ実現するのだろうか？

子連れ旅行ワンポイント・アドバイス ②

ロングフライトは、経由地で1泊するのがいい

辺境旅行にロングフライトはつきものである。とりわけ日本から最も遠い国のひとつ南アフリカに行くなら、経由地での１泊がお勧め。今回のバンコクから12時間ノンストップのヨハネスブルク行きは、タイ発の便とあって子連れファミリーも多く、日本発の便ほど緊張しなくて助かった。南アは大都市のみ治安に要注意だが、それ以外は問題もなく、清潔で食べ物もおいしく、子連れにお勧めできる旅先だ。大自然の雄大な地で、サファリをしたり、ダチョウやアンゴラウサギと触れ合ったり、動物がらみの旅は子供が最も喜ぶはずだ。

●**ベストシーズン：**一年中比較的温暖な気候だが、夏の雨期に入る前の10月頃がお勧め。ケープタウンは、夏でも雨が少ない10月から３月がベスト。

●**利用航空会社：**今回はタイ航空を使いバンコクに敢えて１泊したが、実際は乗り継いで行くので、キャセイパシフィック航空で香港まで、そこから南ア航空を使うのが最短ルートで便利。南ア航空を利用すると、南ア国内便の割引運賃の適用もある。

●**携帯品：**ロングフライトに備え、風邪気味の時によく寝かせる「眠り薬」を持参（あとは１章に同じ）。

●**ホテル：**「THE PALACE（ザ・パレス）」★★★★★　全室スイートで完璧なセキュリティとゴージャスさを誇る。子連れは専用サファリカー完備。食事はルームサービスでも大満足。「MOUNT NELSON（マウント・ネルソン）」★★★★★　広大な庭でのんびり優雅な気分に浸れる。

3 Myanmar

ミャンマー

心優しき人々

—— 彩乃2歳 ——

黄金に輝くシュエダゴーン・パゴダにて

Myanmar

ルート バンコク(経由)ヤンゴン→マンダレー→インワ→ヘイホー(インレー湖)

1998・11・21〜1998・11・26　6日間の旅

パワー全開、機内で大はしゃぎ

その年のファイブスタークラブの社員旅行はミャンマーであった。彩乃はちょうど2歳の誕生日を迎えた頃だった。前半部隊と後半部隊に分かれて現地で1日合流し、翌年の年賀状用に集合写真を撮るのが恒例となっていた。

今回はタイ航空でバンコク経由ヤンゴン行き。我々は後半部隊で、初日の夜はヤンゴンで前半部隊と合流する日程だ。子供は、社員旅行ではお馴染みの彩乃と太陽君の二人が参加。太陽君はもうすぐ1カ月遅れで2歳になる彩乃のよいお友達なのである。同じ班に太陽君ファミリーもいたので、彩乃と二人、機内で大はしゃぎ。時々雄たけびを上げる太陽君の迫力に、彩乃もたじたじだった。まあ、機内で大泣きされるよりはマシか。

一見、姉さん風を吹かせているしっかり者の彩乃も、喧嘩して太陽君に手を出されると、イタイイタイと必ず先に泣き出す。そして太陽君のパパが「女の子には優しくしないとダメ」ときつくしかると、今度は太陽君が泣き出すというパターン。大切なクマ子を太陽君が抱っこし悦に入っていると、全身で抗議！　それでも返してくれないと大泣きが始まる。太陽君が好き好き抱っこと彩乃の首にしがみつくと、その具合がわからず痛いくらいに首を締め付けるので、彩乃は恐怖のあまりパニックになってしまう。でも、しばらくするとお手てつないで歩いていたり。傍で見ていて面白いものだ。

タイ航空は、さすが子供好きのタイ人の客室乗務員が多く、おもちゃをいろいろ持って来てくれたり抱っこしてくれたり、気さくなムードが嬉しかった。

見所の多い魅惑の国

ミャンマーはアジアの中でも、まだまだ観光客ずれしていない素朴さと、遺跡の宝庫パガンや、しっとりとした古都マンダレーなど見所がいっぱいの魅力的な国である。前回、とりわけパガンの遺跡群に感動し、ヤンゴンの壮麗な金色に輝くパゴダに魅了された私たちの次なる目的地はインレー湖であった。湖畔に暮らす人々の水辺の生活を垣間見たかったし、独特の暮らしを営む少数民族、シャン族やインダー族にも出会いたかった。そこで、今回は、皆とは別行動でインレー湖にも足を延ばす計画にした。

日本語ガイド付き。少々泣こうが騒ごうが、注意される心配もない

ファイブスタークラブのミャンマーツアーはいつも一人、二人のお客さんでも必ずスルーガイド（ヤンゴンに着いてから帰国まで、すべての行程を付きっきりでお世話してくれる）が付くシステムである。ミャンマー人でも日本語が話せるとても親切な女性ガイドが多い。私たちファミリーにも、メイさんというおばさんがスルーガイドとして付いてくれた。彩乃の面倒もよくみてくれるし、荷物を持つのも手伝ってくれるし、もちろん英語さえ通じないバザールなどでの買い物も値段交渉までしてくれて、本当に大助かりだった。人件費が申し訳ないほど安いから、こういう贅沢ができるのだ。そういう意味でも、子連れにこれほど向いた国はないと私は思う。

ミャンマーには子供が多い。だから誰もが子供好きで世話上手。みんな、彩乃を見つけると、手放しで喜んで近寄ってくる。自然、人々との交流も2倍3倍と膨らんでいくのだ。色の浅黒い子供が多いので、彩乃が色白に見えるのか、どこへいってもモテモテ。それがわかってか、いつも愛想ふりまきっ子の彩乃だった。

欧米などに比べ、まだまだ素朴な田舎の国、子連れ旅でも気兼ねがなくてリラックスしていられるのも良いところだ。少々泣こうがわめこうが騒ごうが、注意される心配もない。そして、地元の子供たちは、暑い日は素っ裸で走り回っていたり、涼しくても裸足。オムツなんてしていない子供さえ多いのだ。丁寧にも、紙オムツの上に可愛らしいパンツまではかせるのがバカバカしくなってきた。オムツ替えだってどこでも平気。空港のトイレで紙オムツ交換をしようと、隅の方でごそごそやっていると、トイレ係の女の人が彩乃を支えてくれ、手伝ってくれたこともあった。当たり前のように手伝ってくれる、この親切は、日本ではなかなか味わえないものだ。

ホッペタにタナカーをぬったミャンマーの女性。

総勢18名で古都、古寺巡りの旅へ

さて、無事、ヤンゴンに到着。ホテルはトレイダースといって、シャングリラホテル系の新しくモダンな5ツ星ホテル。ミャンマーにも清潔で快適でサービスの良いホテルはいっぱいあって、子連れにも全く問題はないのだ。それどころか、朝食に日本食、中華、洋食まで揃えてあり、食べさせるものにも困らないほど。

こうして、前半部隊と合流してのヤンゴン市内観光へ出かける。総勢18名なので大型バスでまわる。ミャンマーのお寺はすべて裸足で参拝するので、バスの中で靴を脱いでいくのだ。集合写真を撮るのは、ヤンゴンでいちばん大きい黄金のパゴダ、シュエダゴオン・パゴダである。日曜日とあってたくさんの地元民がお参りに来ていて盛況だ。ミャンマーの人々の信仰の篤いことは知っていたが、普通の日曜日でこの盛り上がりとはびっくりである。黄金のパゴダは、夜にはライトアップされて、遠くで見ていても夜空に浮かんでいるような幻想的な風景なのだ。

4年に1度金箔の貼り替えをするとかで、ちょうどこの年が当たっていて、下半分が覆われていたのは残念だが、それでもなお美しい。私がお腹に彩乃を妊娠中、そうとは知らずにここに来ていたので、彩乃も私も2回目ということになる。前回はパゴダの全容が見えたので、まあいいか。

このお寺は自分の生まれた曜日ごとに神様があって、その像に水をかけてお賽銭を置いてお祈りすると、願い事が叶うとか。ガイドさんが生まれた曜日をひとりひとり調べてくれる。彩乃は金曜日生まれらしくモグラの神様、私は土曜で龍の神様。パパは日曜で……何かは忘れたが。彩乃も神妙な面持ちで水をかけ、お賽銭を置いて、手を合わせていた。いったい何を祈っていることやら？

400年の栄華を誇る古都マンダレーの僧院へ

次の日は国内線でマンダレーへ向かう。他の後半部隊は同じ飛行機だが途中のパガンで降りてしまった。

マンダレーに着くと、まずはまだ見ていない古都インワへ、渡し舟に乗って行く。歴史は古く、1354年にビルマ族の都となって以来約400年あまり王朝の都であった地だ。とりわけレンガ造りの壮麗な僧院、マハーアウンミエは必見スポットである。馬車でがたがた道をトロトロ走ってのお寺巡り。道中、牛がいたりブタがいたり、羊とヤギの大集団に出くわしたり。もう、大興奮の彩乃であった。

船着場ではさまざまな土産物売りや食べ物売りが来て、観光客に勧めるのだが、ここでも彩乃はみんなからプレゼントをもらう。バナナ売りのおばさんはモンキーバナナを1房持ってきてくれたし、小さなコインや民芸品をお姉さんたちが手渡してくれた。子供に対しては無垢の優しさを見せてくれるのだと知った。

そこへひとりのピーナッツ売りの少年がピーナッツを売りに来た。ちょうどその時、彩乃が手に持っていたコイン2枚を落としてしまった。それを少年は拾って彩乃の手に置い

上／青空の下、まぶしいほどに光り輝くシュエダゴオン・パゴダ。夜にはライトアップされ、一転して幻想的な姿が浮かび上がる（ヤンゴン）。下／壮麗だがしっとりとした味わいのマハーアウンミエ僧院（インワ）

てくれた。彩乃は喜んで、ハイドーゾと1枚少年にあげようとする。ところが少年は受け取らず、別れ際に大切な売り物のピーナッツを1袋彩乃にくれたのである。穴のあいたシャツを着た貧しいピーナッツ売りの少年。おそらくは学校にも行かず、幼い時から一家の働き手の少年が、惜しげもなくピーナッツをくれた優しさに、私はとても感動した。貧しいけれどその目は澄んでいて笑顔も美しい少年だった。

マンダレーに戻って、まずはレストランでランチ。その店は辛い料理が多かったのだが、彩乃のために特製オムレツを作ってくれ、1皿サービスしてくれた。彩乃もおいしいおいしいとパクパク食べたのであった。どこへ行ってもVIP待遇の彩乃である。

マンダレーのお寺巡りでも、覚えたての参拝が楽しくて、裸足で駈けまわり、美しい黄金の仏像の前で、地元の人々の横にちょこんと座って両手を合わせる。もう行くよ、と言っても、「もっかーい、もっかーい」と何度も繰り返すのであった。

子連れで旅をしていると、地元の子供も自然に近づいてくる。

上／片足で器用にかいを操るインダー族の漁法。下／シャン族の市場ニャウン・シュエ・マーケット。（上下ともインレー湖にて）

のどかなインレー湖のほとり

マンダレーから国内線で30分。インレー湖のあるヘイホーの空港に着いた。車は各地で用意され、ガイドさんだけ我々と同行というパターンである。空港から車で50分、目指すインレー湖に到着だ。

白いブランコがお気に入りとなった。「フーピンホテル」の中庭にて近所の子供たちと。

インレー湖はミャンマーの中でもとりわけ素朴で自然美に溢れ、水辺ののどかな暮らしが見られる所。ボートをチャーターして湖を走り、湖畔のパゴダを眺めたり、水浴びする子供たちやご飯の支度に岸辺で野菜を洗っているおばさんの姿が見えたり。モーターつきのボートだが、ボートに椅子を設《しつら》えてあり、それに座ってのんびり走るのは楽しいものだった。カモメが数羽、どこからともなくボートの上空をついてくる。船頭さんに教えられパンを投げてやると、皆上手にキャッチする。これはかなり面白い。彩乃はうまく投げられないけれど、すぐ頭の上まで降りてきてカモメはキャッチするので、もうキャッキャと大はしゃぎであった。

　湖畔の宿「フーピンホテル」へ。このホテルは、5ツ星とかデラックスとかとは無縁の小さな田舎の中級クラスのホテルだ。でも、家庭的で温かいもてなしのお陰で、私たちのミャンマーで一番のお気に入りホテルとなったのである。お世辞にもお洒落とはいえないインテリアも中国製の派手めの花柄クッションもプラスチックの安っぽいゴミ箱も、子供には何の区別もつかないし、何となくだだっ広いのがやたら嬉しくて走り回る彩乃。

夜はホテルで山間少数民族・シャン族の小さな舞踊ショーがあり、見に行くとホテルのスタッフが総出演であった。彩乃も舞台に上がらされ、金の冠をかぶせてもらった。舞踊団の子供たちとも仲良くなって、踊りの真似事を始めるのであった。

昼間はホテルの中庭にある白い大きなブランコに近所の子供たちと一緒に乗せてもらって大喜び。「ブランコ、ブランコ」と通る度《たび》に何度もせがむのだった。当時は人見知りが激しくて、何でもママ、ママで、他の人にはなかなか懐かなかったのに、ここの子供たちには、不思議なことに最初から自然に打ち解けていた。

シャン族の市場へ

シャン族の市場、ニャウン・シュエ・マーケットは5日に1度開かれる。ホテルから目と鼻の先なので便利だ。日用雑貨や湖で獲れたての魚や日干しにした魚、野菜に果物などが山積みされて売られている。目立つのがご当地名産のオレンジ色で小ぶりのトマト。かじってみると新鮮で驚くほど味わいがある。ボートで走っている時に見た、湖の浮島でインダー族の人々が栽培しているトマトである。トマトを入れたおこわはシャン族の大好物

上／古都マンダレーにある木造のシュエナンドー僧院にて。左／彩乃の生まれた「金曜日の神様」にお墓参りする（ヤンゴンにあるシュエダゴオン・パゴダにて）。

らしい。大きなはすの葉に入れて売っていて、市場を歩いていると、どこからともなく、酸っぱい匂いが漂ってくるのだ。

シャン料理というのは、このおこわに魚を混ぜ、砕いたピーナッツをふりかけ、豚肉の甘辛煮や湖の魚の唐揚げなどと一緒に食べるというものが主流で、日本人の口にも合う。ホテルのレストランでも、こうした料理がバラエティー豊かに登場し、いつも食事が楽しみだったほど。いつも食の細い彩乃なのに、旺盛な食欲を見せて驚かせてくれた。

市場の片隅で、二人の老女が毛糸のソックスを地べたで編んでいるのを見つけた。配色もよく、ポンポン付きなので、娘に買ってやろうかと見ていたが、小さいサイズがない。その日はインレー湖を立つ予定で、出発まであと1時間しかないという私に、おばあさんたちは時間内に3足編んでくれるという。

出発前にホテルでランチを取っていると、おばあさんは出来上がった3足のソックスをわざわざ届けに来てくれた。色違いの3足はどれもが彩乃にぴったりのサイズで可愛いでき栄えだった。

そのソックスは今ではもう小さくてもちろん履けなくなってしまったが、大切な宝物として、引出しの奥にしまってある。

子連れ旅行ワンポイント・アドバイス ③

子供に不向きな遺跡巡りは 裏ワザでカバーできる

２歳になり、友達とも遊べる時間が増えたので楽になった。ミャンマーは安い予算（欧米の４分の１から５分の１程度）で日本語のスルーガイドを頼めるので言葉の心配も無用。また、ベビーシッターを兼ねた親切なガイドさんばかりなので安心だ。衛生面は用心するに越したことはないが、水や生ものに注意して、清潔なホテルのレストランで火の通った食事をしていれば問題ない。念のため下痢止めや抗生剤は忘れずに。小さな子供は遺跡巡りのような旅にまだ関心を示さないが、田舎の素朴な風景の中でも、ブタや犬やヤギがいるだけで喜ぶもの。そうしたことは貴重な異文化体験となるだろう。

●**ベストシーズン**：乾季で過ごしやすい11月から４月ぐらいがベスト。夏場はスコールが多く、道もぬかるみ、時にイラワジ川が氾濫することもあるので避けたい。

●**アクセス**：ヤンゴンに同日に着きたければ日本航空（JAL）でバンコクへ。JALはオムツなども日本製なので質が高い。チャイルドミールやおもちゃも気が利いている。

●**ホテル**：小さいうちはバスタブ付きのホテルがベター。また、取り外せないシャワーだけだと、高いところからお湯が出て、子供のシャンプーには不便だ。シャンプーハットを持参すると便利。「TRADERS（トレイダース）」★★★★★　シャングリラ系のモダンで設備の豪華なホテル。衛生面も問題なし。食事もなんでもある。「HU PIN HOTEL（フーピンホテル）」★★★　設備は中級だが、温かいサービスが嬉しい。

初日の出に染まるアンコールワット

④ Viet Nam and Cambodia

ベトナム＆カンボジア

発熱にもマケズ「初詣、大家族旅行」

―― 彩乃2歳1カ月 ――

Vietnam and Cambodia

ルート　ホーチミン(経由)→フエ→ダナン→ホイアン→ホーチミン→プノンペン→シェムリアップ(アンコール遺跡群)

1998・12・26〜1999・1・3　9日間の旅

出発前の発熱騒動、再び

共働き夫婦の子育ては、親の助けなくして成立しない。我が家も、日頃、京都に住んでいるジージ・バーバには大変お世話になっている。ありがたいことである。そこで、彩乃が2歳の年末年始は、そのご恩返しにジージ・バーバ、そして、パパのお母さんを招待して総勢6人、ベトナム&アンコールワット遺跡への旅のプランを提案してみた。すると皆大喜び。特に、ジージは、飛行機嫌いで出不精なのだが、彩乃を溺愛するあまり「彩乃と旅行できるなら嫌いな飛行機にでも何でも乗る」と大ハッスル。かくして初日の出に輝くアンコールワットに思いを馳せながら、大家族旅行となったのであった。

京都在住の両親たちのために関西空港から出発することにした。ところが、昨年末もそうだったのだが、イヴの夜、彩乃が38度台の熱を出し、旅に出られるか心配していた。でも、クリスマスの夜には熱も下がり、新幹線で京都のパパの実家に着くと、おばあちゃんに再会した嬉しさで大ハッスル。家の中を30周くらい走り回るほど元気になっていた。

そして、26日、無事ベトナム航空にて5時間半のフライトでホーチミンへ向かう。やはりベトナムへ行くにはその国の航空会社で飛ぶのが一番。アオザイ姿の客室乗務員が優しい笑顔でもてなしてくれる。機内食は和食も充実し、親たちにとっては安心である。病み上がりの彩乃はさすがに食欲はなく、頼んでおいたチャイルドミールにも手をつけず、もっぱらジージやバーバの席に遊びに行って、機嫌よく過ごしていた。私としてはベビーシッターがたくさんいて大助かりであった。

彩乃のピンチは続く……

ホーチミンに1泊後、国内線で古都フエに向かう。昨夜は寝苦しいようで夜中に何度も泣いていたので、朝4時起きだったが、彩乃だけ寝たまま出発する。飛行機に乗る直前に目覚め、大好きなヤクルトを2本飲み離陸（リンゴジュースは卒業し、今はヤクルトに。ただし、ヤクルトは海外にはない国が多いので持参。暑い国なので、せいぜい10本が限界か）。

離陸後、上昇中は小さな飛行機なので気圧の調整がうまくいかないのと風邪の影響とが重なって、耳が痛くて泣き出した。「ジージに治してもらう！」と席を移動。泣きながらジージに抱っこされ耳に手を当ててもらうと、アーラ不思議、すっかり安心して、またネンネしてしまった。

ベトナムの中部に位置する古都フエは世界遺産に登録されている王宮や遺跡など見所の多い町。しっとりした情緒ある観光名所に一同大喜びである。

ところが、彩乃は観光時も元気が戻らず抱っこ抱っこで寝てばかり。おかしいと思いバスの中で熱を測ると、なんと39度8分!!　急に高くなっていてびっくりし、すぐ滞在先のホテルに戻り、座薬の熱さましと冷えピタで冷やしつつ、ドクターを呼んでもらう。ベッドの上で口を半開きにしてスーハー寝息を立てる彩乃。心臓は早鐘のように鳴っていて、さすがに心配になってきた。ドクターは「とりあえずこのまま寝かせて起きたら何か食べさせて薬を飲ませればＯＫ」とのこと。肺炎などシリアスな病気でないらしくよかった。

子供の体調は急変するのでくれぐれも気をつけないと。可哀想なことをしたと反省。それからというもの、前代未聞の長時間ネンネ。クマ子をしっかりと抱きながら、今までの寝不足と疲れを解消するかのように寝続けていたのだった。

翌朝はすがすがしい顔で起き出してきた彩乃。熱を測ると37度とほぼ平熱に下がっていた。食欲も取り戻しひと安心だ。昨日のことが嘘のような回復ぶりである。でも、用心して今日の目的地ダナンへは、列車の予定だったのを車に変更してもらった（所要時間が半分に短縮できるからだ）。ダナンはフエの南部にあるリゾート地である。近くに世界遺産のホイアンやミーソン遺跡などもあり、のんびりリゾートライフを楽しむことができる。

フエ名物宮廷料理は、民族衣装を着てディナーをとるという趣向。写真中央の王様と后は、ジージ・バーバ。

しかも、今回の滞在先は「フラマーリゾート」という5ツ星の豪華なリゾート。白砂ビーチにヤシの木、ゆったりした敷地。中庭に面してレストランがあり、ベトナム各地名産のフォー（麺類）ほか、そのメニューの豊富さと味の良さにも皆で感心したほど。

「フラマーリゾート」での部屋割りは広々スイートにジージ・バーバと私と彩乃、お隣りのツインにパパとおばあちゃん。広いスイートに喜ぶ彩乃は、元気に走り回る。ディナーには焼き鳥、海老のフリッター、焼き飯にモンキーバナナ2本という驚くべき食欲を見せてくれた。明日は少しゆっくりできそうなので、体を休ませる予定だ。

ごめんね、彩乃のいないホイアン半日観光……(涙)

ところが、世の中そんなに甘いものではなかった。翌朝、また38度の熱が出ていたのである。がっくり、という感じだ。まあ、午前中はホイアンの観光だけなので、ジージ・バーバが彩乃と留守番してくれることになり、私たち3人で観光へ。

ダナンから車で約1時間。海沿いの大きな町であるダナンから、田んぼの風景の中を走ると、小さな落ち着いた雰囲気のホイアンに着く。ホイアンはシクロ（人力車）も走っている情緒ある町なので、両親に見せて上げられず残念だった。

歩いて10分くらいの小さなメインストリートにカフェや土産物屋などが軒を連ねる。町並みがどこか昔懐かしい風景を醸し出しているのである。築２００年を超すホイアン建築も残り、世界の建築家たちにも注目されているそうだ。また、安いゲストハウスも数多く、欧米の若者にも人気があって、長期滞在している旅人も多い。どこか、バリのウブド村やネパールのカトマンズを想わせる、旅人の旅情をくすぐるものがここにはある。

町の中心には、石造りの屋根付きのユニークな太鼓橋がかかっている。ホイアンは、かつて海のシルクロードの拠点として交易が栄えた町で、日本からも交易を目指して移り住

日本が鎖国する前に移住した日本人が造ったといわれる「日本橋」は当時のまま残っている。

んだ人々がいたそうで、彼らが造ったこの橋を「日本橋」と名付けたのだという。橋の入り口に狛犬のような犬が2匹、橋の出口には猿の像が飾ってある。犬の年に作り始め、猿の年に出来上がった橋だから……との話。

道端で売っていた鳩笛のような猿の笛をひとつ、彩乃にお土産に買ってやった。彩乃を置いての観光はやはり心配で、心ここにあらず、という私であった。

夕方になっても、まだ熱は下がらず、治ってくれるの？　私は本当に泣きたい気分だった。親孝行どころか、一緒に心配をかけ、みんな楽しい気分も半減だったことだろう。何より、小さい子供を連れまわし無理をさせているのでは、とわが身を責める瞬間さえあった。

彩乃、お願い、治って……(涙、涙)

夜、ホーチミンのニューワールドホテルにチェックインし、部屋に入ると、自分からベッドに「ねむいー」と飛び込んで、ぐったり。39度1分に上がっていたので、またお医者さんを呼ぶことにした。ホテルから呼ぶと150US$かかるといわれたが、そんなこと

上／日本人のこれほど小さい子は、初めて見たらしく、抱っこしていろいろ話しかけるおばさん。下／ベトナム中どこへ行っても、市場は活気に溢れていた。

は言っていられないので来てもらうことにする。いつもきっちり保険には加入するのに、こういうときに限って彩乃の海外旅行保険を掛け忘れていたのだから、バカな話である。

やって来たドクターは若くてしっかりした信頼のおける感じの男性で安心した。耳の中が赤いといわれ、4種類のシロップの薬を出してくれた。日本から持ってきた薬より、現地で出してくれる薬の方が効くのはなぜだろう?

お陰で、翌日午後のプノンペン行きのフライトにも無事乗れて、その後はもう熱が上がることはなかった。日本を出て5日目。そろそろ、病気も峠を越えていて、治る時期に差し掛かっていたのと、薬の効果との両方だったのだろう。

残された行程は半分以下。プノンペンへ飛ぶまでの午前中は、今度は私が彩乃と留守番して、皆でホーチミンの市内観光へ。水上人形劇を観たり、シクロに乗ったり楽しかったそうだ。よかった。

バンザイ、ほぼ復活宣言!

彩乃はカンボジアではずっと元気でいてくれた。カンボジアの首都プノンペンは、アンコールワットの魅力に押され気味で、訪れる人はそれほど多くなくあまり知られていないが、見所が多い。黄金輝く王宮や、9キロものエメラルドでできた仏像と床に敷き詰めら

疲れもいとわず、彩乃の面倒を見てくれたジージに感謝。

れた銀箔に圧倒される銀寺、ポル・ポト時代の大虐殺の記録を展示するトゥールスレン戦争博物館などもある。

暑い午後の観光時は、日陰の涼しい所にバンを止めて、彩乃はちょうどネンネしていた。ガイドのアシスタントさんが見ていてくれたので、わたしも見学に出かけることができた。日本人の子供は珍しいので、道行く人々が皆、ドアを開けて寝ている彩乃を覗き込んでいったそうだ。

民族舞踊にくぎ付け

翌朝は、また早くから国内線でシェムリアップへ。いよいよ今回の旅のハイライト、アンコール遺跡だ。ここで新年を迎え、初日の出に輝くアンコールワットを見てみたい、と皆が楽しみにしていた。

午前中はアンコールトム遺跡、午後はアンコールワット遺跡の順番が光の関係できれいな写真が撮れるという。12世紀のクメール王、ジャヤ・バルマン7世によって建てられたアンコールトムは、バイヨン寺院を中心に5つの門に囲まれた巨大な都城である。どこを見ても顔顔顔……！　王自身の顔を石柱に彫り込んだ四面仏のレリーフは、迫力と神秘の造形美で見る者を圧倒してやまない。

回廊を通り中へ入っていく手前で、都合よく彩乃はネンネ。石の階段などで大変なところなので、バスに残ってドライバーさんが扇子であおいでいてくれた。ここでも、物売りの小さな子供たちが集まってきて、ジージ・バーバまでが、「ちょっとお兄さん、お姉さん」と声を掛けられたのも面白かった。

滞在のホテルは「ラッフルズ・グランド・ホテル・ダンコール」。内装もコロニアルスタイルでお洒落だし、大きなプールがあって、遺跡の町でリゾート気分に浸れるのも贅沢だ。ヴァレットサービスといって、専属のお世話係によるパーソナルなサービスもきめ細やかであった。レストランの料理の洗練された味わいも、カンボジアの田舎とは到底思えないレベルの高さであった。

ディナーはホテルの外にある民族舞踊のディナーショーのレストランに行った。本格的なダンスに、彩乃はもうくぎ付けだ。猿の大きなお面を付けたラーマーヤナのハヌマンの踊りで、子供の扮する小猿に大喜びの彩乃は「アイアーイ」と叫び、まわりの欧米人に大

ジャヤ・バルマン7世は自分の顔を四面仏のレリーフにした
（アンコールトムのバイヨン寺院）。

上／昼間、アンコールワットの全景を望むのに最高の場所。
下／「ラッフルズ・グランド・ホテル・ダンコール」の屋外ダンスショーで、アプサラダンスを観賞。

受けであった。カンボジアの民族舞踊アプサラダンスも華麗ですばらしく、最後は舞台に上がってダンサーと一緒に記念写真に収まる彩乃であった。

「一生に一度」の初日の出

いよいよ、1999年元旦。早朝、アンコールワットへ向かう。代表的な3つの塔の向こうに真っ赤な太陽が昇り、幻想的な色彩の変化が感動的。いつの間にかたくさんの人が集まってきて、皆、固唾を呑んで初日の出のシーンに見入っている。

ジージ・バーバは言った。

「こんなすばらしい初日の出は一生に一度や。彩乃は何度も見られるんやろうな」

そうして、しみじみしながら大人たちが彩乃の方を見ると、とうの彼女はさっきから、日の出や遺跡などには見向きもせず、もっぱらそこいら辺を走り回っている犬を見て、「ワンワー」とひとり喜んでいたのだった。

親の心、子知らず。でもいちばん苦しんだのは彩乃なのだから、やっぱり治ってくれて無心に遊ぶ姿を見ると、本当によかったと思うのであった。

子連れ旅行ワンポイント・アドバイス ④

旅行前に子供の体調がよくない場合

３歳までの子供が冬に旅行をするときは、よく日本からひきずった風邪気味のまま出発することがある。熱がなければ問題ないが、今回のように直前まで熱があり、治りかけで暑い国に行くと、熱がぶり返すケースもあるので参考にしてほしい。辺境の国々でも、一流ホテルに滞在していれば、呼んでくれる医者もおおむね信頼できる。ホテルに医者を呼ぶと結構な出費となるので、子供も海外旅行保険を掛けることをお勧めする。風邪気味のときのフライトでは、離着陸時に耳の調整ができにくくて痛がるときがあるので、飲み物を飲ませたり、キャンディーを舐めさせたりするとよい。

●ベストシーズン：カンボジアは冬場が乾季でベスト。ベトナムは南部は冬がベスト、中北部は夏がベスト。

●利用航空会社：ベトナム航空は子供にぬいぐるみをプレゼントしてくれた。ディスカウント航空券にも子供料金の設定があり、子連れに優しい航空会社のひとつだ。チャイルドミールはスパゲティやカレー味コロッケ、チキンの唐揚げ、プリンなど、大人が食べても美味しかった。

●ホテル：「FURAMA RESORT（フラマーリゾート）」★★★★★ ベトナム中部の高級リゾートで、設備面ほか全てにおいて、子連れでも安心して宿泊できる。「RAFFLES GRAND HOTEL D'ANGKOR（ラッフルズ・グランド・ホテル・ダンコール）」★★★★★　専属のバトラー（世話係）がつく。超デラックスな近代ホテルで民族舞踊がとても楽しかった。

5 Kenya《ケニア》

動物王国、彩乃大喜びの巻

―― 彩乃2歳4カ月

野生のキリンが遊びにくる
ホテル「ジラフ・マナー」

Kenya

ルート　シンガポール、ドバイ（経由）ナイロビ→
マサイマラ動物保護区→
ケニア山国立公園→ジラフ・マナー（ナイロビ近郊）

1999・3・19〜1999・3・29　11日間の旅

民族の大移動

我が家の旅支度を見たら、誰もが民族の大移動と言うかもしれない。ぎっしり詰まった大きなスーツケースとボストンバッグの中型2個、私のリュックにパパのカメラバッグ、ムーニーマン1袋、そしてバギー。小ぶりのリュックひとつで旅立つ身軽な人を見ると心底羨ましい。彩乃のオムツが外れ、バギーなしでずっと自力で歩ける年齢になるまでは、これも致し方ない。かくして今回も、民族の大移動が始まる。

南アフリカの旅で果たせなかったサファリ三昧の旅。スーツケースを見るなり今度は、「ヒコーキのるのー？　やったー！」と無邪気にはしゃぐ彩乃。君は全所要時間二十数時間などと知る由《よし》もないだろう。それでも最短でなるべく快適なフライトを選んでいるのだ。成田からシンガポール、ドバイ経由ナイロビへ。ユナイテッド航空でシンガポールまで約6時間と、シンガポール以遠はエミレーツ航空である。エコノミークラスでも座席にパーソナルTVが付いているなど、お金持ちのアラブ首長国連邦の航空会社であるエミレーツ航空のサービスの良さは当時としては画期的だった。ビデオでアニメなどあれば、彩乃をくぎ付けにできるし、持参するおもちゃの量もそれで左右されるからだ。ドバイまで約13時間のフライトを、ぐずりもせずおりこうさんでこなし、乗り継ぎが長いので、休憩かたがたドバイに入国し、リゾートホテルでくつろいだ（現在ではドバイまでは関空からの直行となり、羽田からの乗り継ぎもよく、かなり楽になっている）。

昼寝もしてお風呂でシャンプーもしてすっきりした彩乃は、ご機嫌でまた機上の人となったのである。機内食はチャイルドミールも質がよく、残さず魚フライなどを平らげた。お腹いっぱいで眠くなり、疲れも出てぐずり始めたので、私が抱っこで機内を散歩する。一苦労だが、以前のことを思えばずいぶん楽になったと言えよう。

サファリ三昧

朝ナイロビに着くと、そのまま国内線の小型機でマサイマラ動物保護区へとひとっ飛び

「マラ・サファリクラブ」のテントロッジは、とびきりナチュラルなロケーション。

である。眼下に広大な草原が続く、爽快なサバンナ縦断飛行である。

宿泊予定の「マラ・サファリクラブ」は、マサイマラ動物保護区の外にあるサファリロッジである。カバやワニのいるマラリバー沿いに設備のいい緑色のテントロッジが並ぶ。ロッジは本物のテントで、ワイルドなケニアのイメージどおりだが、内部はホットシャワーも出るバスルームがあるし、クローゼットにはバスローブまで入っていて、鏡台もある。ベッドカバーなど可愛い動物柄だし、なかなかセンスもいい高級テントロッジなのである。

昼間は日差しも強く25℃以上あっても、ここは風が吹き抜け涼しく快適だ。川沿いだというのに心配していた蚊もいない。テントの表のテラス風スペースにテーブルと椅子が置かれ、そのすぐ下でカバが顔を出したり水をプハーと吹いたり、グアグア鳴いたりしている。カバが佃煮状態でたくさんいるヒポプールというスポットもある。緑豊かで静かで、カバの鳴き声以外には鳥のさえずりくらいしか聞こえない、いい環境である。夜には、ちゃんとターンダウンサービスもあって、足元に湯たんぽを入れておいてくれるという心配りには脱帽であった。そして、テントのファスナーをしっかりと閉めると、密閉性もあり暖かいので助かった。なにしろ昼間と夜の温度変化がかなり激しいのである。

チェックインの時、レセプション担当デイヴィッド、お部屋担当ジェイムズ、サファリガイドのナフタリと握手して自己紹介される。

いつ見ても優雅なキリンたち、大自然の中で生き生きしていた。

いきなり、キリンの出迎え

ここでのサファリは、1日3回。休憩後、早速アフタヌーンサファリに出かけることにする。3時から3時間半のドライブである。いよいよ本格的なゲームドライブ（サファリのことを英語ではこう言う）に出発だ。久々にワクワクしてくる。

ホテルを一歩出たら、いきなりキリンが3頭、目の前の道を渡っていく。え？　いきなりこれはすごいぞ！　隣を見ると、目をきらきらさせて見つめる彩乃。「キリンさーん、バイバーイ」と叫びまくる。マサイのキリンはとても大きくて、体長は5メートル以上ある。その平均寿命は35歳で、妊娠期間は14カ月だそうだ。ナフタリさんはさまざまな興味深い話を聞かせてくれる名ガイドだ。キリンたちが大草原を背景にゆっくりと長い足で歩く姿は、まるでスローモーションを見ているように優雅で神々しいものがある。

続いてはシマウマの群れ、ピョンピョン走り回る可憐なインパラにガゼルも山ほどいるし、バブーン（ヒヒ）の親子も現れた。最初はきゃーきゃー騒いでいても、そのうち当たり前になってくるから困ったものだ。

百獣の王が恐れるマサイ族

「マラ・サファリクラブ」の近くには、人に慣れていて、サファリカーのボンネットにまで上ってきてくれるという有名なチーターがいると聞いていた。「クイーン」と名づけられた名のとおり、顔つきもしぐさも気品に溢れ、動物写真家の間でいつもモデルのようにポーズを決めてくれたらしい。ところが、彼女も高齢となり最後の出産を控えて姿を消しているというのだ。私たちが見たのは彼女の弟たちだった。

「チーター、かっこいいー！」彩乃はしきりに絶賛していた。小さい子供にもチーターのエレガントなかっこよさというものがわかるのだ。

ライオンのファミリーにも出会った。オスは体が重いので動きが鈍いため、ハンティングはもっぱらお母さんの仕事。ライオンの世界でも母は子育てに食事の支度にと忙しいようだ。でも、午後のひと時は、子供たちとのんびりくつろぐお母さんライオンの姿があった。彼らはサファリカーが近付いても動じることなどない。百獣の王なのだ。

でも、ライオンが唯一恐れている存在がある。それはマサイの人々。マサイ族はライオンを恐れることなく、同じ大地の上に生を営んでいる。いわば一緒に生きる仲間だと思っているのだ。ライオンは自分を恐れていない唯一の生き物であるマサイだからこそ怖いのである。

目覚ましは、カバの声

ここ野生の王国では、カバの声で自然に目覚める（もちろんモーニングコールもあるが、電話などないので、モーニング・コーヒーや紅茶を運んできてくれる）。

まあ、朝が早いので自然夜は眠くて皆、早く寝るのだが。一度など、夜10時頃、彩乃が大泣きしたら、隣りのテントに滞在しているイギリス人のマダムが、ファスナーを開けてテントの中に入ってきたのだ。「大丈夫？　具合でもお悪いのかしら？」とさんざん心配してくれたが、後で考えると「静かにさせなさい」と暗に非難されていたような気がする。こうしたケニアなどのコロニアルな高級リゾートでは、マナーにうるさい英国人のマダムたちがよく泊まっているから、子連れにとっては少々ヒヤヒヤものである。

何はともあれ、朝6時半から2時間の早朝ゲームドライブである。まだ暗いうちから出かけて、サバンナで日の出を迎え、ハンティングに出る動物をこちらはカメラでハンティングするわけだ。午後のサファリに比べてかなり空気が違う。昨日のチーターたちも、すっくと立ち上がり、じっと彼方の獲物を狙っているのだ。ますますカッコいい。足の速い彼らが獲物を追いかけて走り出すシーンは凄い。迫力満点であった。

サイとの遭遇

ホテルに戻り朝食。かなりお腹も空いているから、朝食のおいしいこと！　イギリス式フルブレックファストもペロリと平らげた。そしてひと休みしたら、もう午前のゲームドライブだ。結構忙しい。午前のゲームドライブではまず、サイの保護区に連れて行ってくれる。行ってみるといるいる！　大きな白サイが3頭も！　ジープを降りて、ナフタリさんに連れられて10メートルぐらいまで近付く。彩乃は抱っこだ。ナフタリさんは木の棒を持ち、万一突進してきたら追い払うというのだが、そんな話を聞くと怖くて近づけなくな

マサイマラ動物保護区は“ビッグ5”（サイ、ゾウ、バッファロー、ヒョウ、ライオン）をはじめとする動物の多さでも群を抜く。たくさんの動物に出会えるので人気がある。

った。

ランチタイムはプールサイドでランチ・ビュッフェ。白と緑のタータンチェックのテーブルクロスがコロニアルっぽくて素敵。陽射しも暖かく心地よい。何よりスタッフの愛想が最高にいいのが嬉しい。そうして午後のゲームドライブへと続くわけだ。

夜は7時半からラウンジでエンターテイメントがあり、マサイの講習会やまじめなレクチャーなども受けられる。8時からディナー。ディナーは室内レストランでムーディーに。服装はスマート・カジュアルでOK。英国人が多いのでジーンズやTシャツは避けたいところ。皆、襟つきのこざっぱりしたドレスシャツを着てお洒落している。そうしたムードを大切にするのはいいことだと思う。

「動物孤児院」併設の大自然溢れるロッジ

次の滞在先は「マウントケニア・サファリクラブ」。ここは赤道直下にあるケニア山麓のコロニアル風リゾートである。登山やトレッキングでも有名なケニア山が望め、広々とした敷地内には川も流れ、シャレースタイルのコテージがゆったりと点在している自然がいっぱいのホテルだ。ここでは、敷地内にある「動物孤児院」で、珍しい動物と触れ合ったり、簡単な山歩きを楽しんだり、のんびり優雅に過ごすことができる。私とパパはここがとても気に入っていて、ぜひ彩乃を連れてきたかったのだ。

コテージには大きな暖炉がデンとあり、夕方6時になると、背の高い黒人のお部屋係が薪をかついで暖炉の火をくべに来てくれるのも昔のまま。もちろん、彼らスタッフの愛想の良さも変わっていなかった。バスルームも大理石造りで、大きなバスタブは3人で入っても余裕というほど。ここのバスタオルの白くてフワフワなことは特筆ものである。

天気も良くて暖かく、山もきれいに見える。花々も美しく、芝生の緑も生き生きと輝いていて、くつろぐのにこれほどの場所はないだろう。

「動物孤児院」では、前回来たときに見た陸ガメのスピーディや鹿と牛のハーフのよう珍獣ボンゴなど、みな健在だった。ほかにもたくさんの動物がいる。やたらフレンドリーなバブーンの赤ちゃんは、頭に乗ったり飛びついたりして面白い。彩乃はバブーンの赤ちゃんにしがみつかれて半泣きであったが……。でも、いい経験だっただろう。

ルームサービスでも優雅なディナー

「マウントケニア・サファリクラブ」のディナー時は、子供連れのために6時半から子供のアーリーディナーの設定もあり、その後大人のディナー時は子供を預かるという気の利いたサービスもある。でもうちの場合は……人見知りだから無理か。やはりルームサービ

心地よい温水プールからもケニアが見渡せる。「マウントケニア・サファリクラブ」にて。

スにしてもらった。とはいっても、ちゃんとフルコースを運んでくれるのだ。部屋が広いので、それなりに優雅なディナー気分も味わえる。

コースメニューは、春巻きや野菜天ぷら（フリッターのよう）などのオリエンタル風のベジタリアンコースや、肉料理などいろいろある。一度に全部運ばれるので冷めてしまうのが残念だったが贅沢は言えない。気に入った料理を3人でつまめるし、なんといっても人の目を気にしなくていいのがよかった。

キリンが遊びにくる、セレブのお忍びホテル

最後の滞在地、「ジラフ・マナー」へ。ここはナイロビ郊外、車で30分余りの森の中にあるホテルである。蔦の絡まる、中世の貴族の邸宅を思わせる瀟洒な館にはたった6室の客室しかなく、どれもが異なるインテリア。家具、調度品も凝っていてムード満点だ。旅の締めくくりに、これほど素敵なホテルはないだろう。実際、今までに各界の著名人がお忍びでここに滞在しているという。賓客リストを覗いて

みると、ブルック・シールズ、リチャード・ベンソン、ボビー・ケネディ夫妻、ハル王子などなどたくさんのサインを見つけた。

このホテルの売りは、なんと言っても野生のキリンが遊びに来ることである。スタッフが餌の入ったバケツをガラガラいわせて、「ジャック!! スージー!!」などとキリンの名前を呼ぶと、敷地の向こうの方で木の葉をむしゃむしゃかじっているキリンたちが、おもむろにこちらにやって来るのだ。キリンが窓から顔を突っ込んで餌をねだるなどと想像できるだろうか？

一般の観光客がキリンに餌をやれる「ジラフセンター」もある。玄関のドアから首だけ

上／野生のキリンがエサをもらいに玄関口からも顔を突っ込む。「ジラフ・マナー」にて。下／陸ガメのスピーディーの上に乗って遊ぶバブーンの赤ちゃん。「マウントケニア・サファリクラブ」の動物孤児院にて。

差し込んだり、ダイニングルームの窓から顔を入れたり。その表情は愛らしい。直径10センチはありそうな大きな瞳と長い睫毛も、とっても可憐。餌を幾つか手の平にのせてやると、長くて黒い舌をベローリと出して、からめ取るように餌を食べる。その感触は独特のもの。手はキリンのよだれでべとべとになってしまうが、なぜかそれも大好きなペットにでも舐められるような気分なのが不思議だ。

彩乃も「餌をやりたい」と言い、私に抱っこされて恐る恐るトライする。でも顔が近付いて来るともうダメ。やはり彼女にとっては、そのキリンの大きな顔は、可愛いが恐竜みたいな存在だったのかもしれない。サファリで見る動物を真近にし、餌をやったりできる体験は貴重だ。それも小動物でなく、大きなキリンともなると格別である。

キリンたちとたっぷり遊んだ後、ふと見ると、キリンの後ろにイボイノシシのファミリーがぞろぞろやって来ていた。自分たちも何か餌はもらえないだろうかと、もの欲しげな様子なのだった。

子連れ旅行ワンポイント・アドバイス ⑤

本場サファリは子連れ旅にピッタリ!

長時間フライトの旅には、特に航空会社選びに注意したい。エミレーツ航空は座席に液晶テレビが付いているので、ビデオやゲームで時間つぶしができるのがよかった。ほかにもお気に入り絵本やシール絵本などに加え、何かひとつ新しいおもちゃを持参すると集中して遊び、かなり時間稼ぎができる。子供は野生動物を見るのが楽しいようで、ケニアの本場サファリ三昧は子連れ旅にお勧めだ。動物と触れ合える「動物孤児院」や、キリンが遊びにくる「Jiraff Manor（ジラフ・マナー）」などを盛り込んだのも大正解だった。サファリドライブには、ほかのゲストに迷惑をかけないためにも、できれば専用車チャーターがお勧め。ディナーは、2歳半くらいになったら、様子を見ながらそろそろレストランで食べる練習をしてもいいだろう。

●**予防接種：**ケニアに行く場合、現在、黄熱病の注射が必要なルートはインド経由や、モルジブに帰りに寄る場合など。ドバイ経由なら現在は不要。小さな子供に予防接種が可能かは主治医に聞くほうがベターだが、不要なルートを外すのがベストだろう。マラリア予防薬は副作用がキツいので、勧められない。マサイマラなどのサバンナは高地なので、蚊もあまりいないため、通常はマラリア予防薬は要らないだろう。その代わり虫除けのためにスプレーや蚊取り線香を念のため持参したい。

●**ホテル：**ケニアで滞在したすべてのホテルが★★★★★　子連れでも安心して宿泊できる。

ロシアの代表的な土産の人形

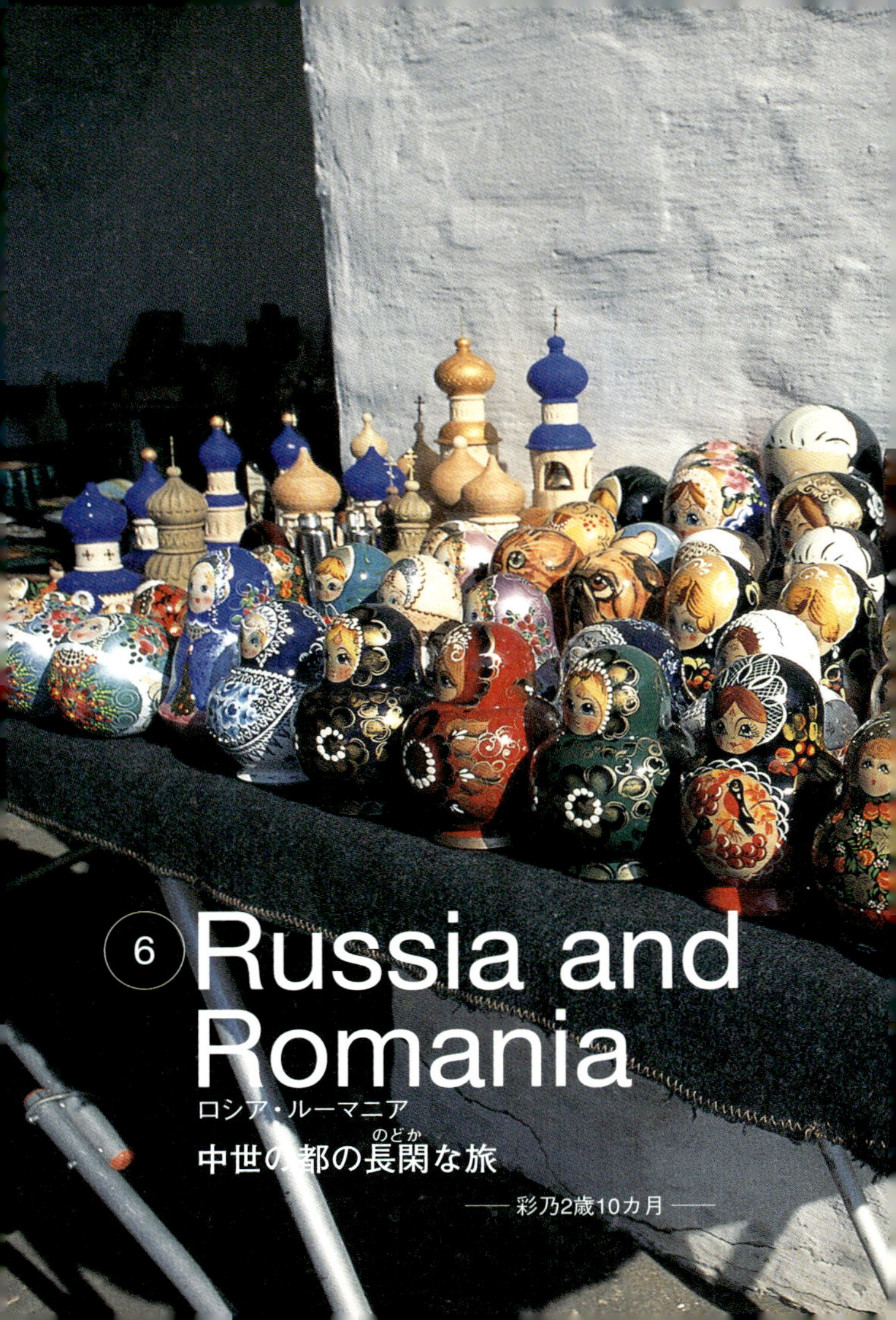

6 Russia and Romania

ロシア・ルーマニア

中世の都の長閑《のどか》な旅

—— 彩乃2歳10カ月 ——

Russia and Romania

ルート　モスクワ→スズダリ→セルギエフ・パッサート→ブカレスト（ルーマニア）→シナイア→ブラショフ→ブラン城→シギショアラ

1999・9・3〜1999・9・13　11日間の旅

えっ、ロシア……

私はロシアという国に良い印象を持っていなかった。だから、パパにこの夏はロシアとルーマニアに行こうと言われて、とてもがっかりしていた。ルーマニアはともかく、ロシアは治安も悪いし、子連れには最もふさわしくないワースト5に入る国だと思っていた。世界で危ない国のベスト5にも入るだろう。かつて旅行したときに悲惨な目にも遭っていた。とはいうものの、その時も、モスクワ、とりわけサンクトペテルブルクの街並みの美しさには魅了されたし、旅はスリリングなほど魅力的だというのが持論なのだが、さすがに子連れで行くのには躊躇を隠せなかった。

いつもそうなのだが、パパは仕事上、いろんな所の最新情報を自分の目でキャッチしておかなければいけないという使命感がある人だ。そろそろ最近のロシアも見に行かなくっちゃ、と言われたら仕方がない。今回は、モスクワは泊まるだけにし、主に郊外の「黄金の環《わ》」と呼ばれるスズダリ、セルギエフ・パッサートなどの田舎町を周る、かなり安心プランを立てた。まあ、それならいいか……。

まずは、上々の出だし

もうすぐ3歳になる彩乃は、まだ旅行中バギーは手放せない。今回は、出発の前日にパーバが買ってくれたオレンジ色のバギーに新調、軽くてきれいでとっても楽になった。

成田からモスクワへのフライトはアエロフロートロシア航空で、所要10時間あまり。いきなり2時間のディレイで、時間潰しが大変であったが、どうにかこうにかモスクワには夜7時頃無事到着。モスクワは思ったよりも暖かい。聞くと10~15℃はあるようだ。寒くては困ると、革ジャンをはじめ彩乃の毛糸の帽子に手袋と完全装備を持って来ていたが、昼間はTシャツにトレーナーを巻いておけば十分である。朝夕冷えることがあるけれど、さほどではなさそうだ。

ホテルは「ケンピンスキー」。窓からクレムリンと聖ワシリー寺院が見える5ツ星のきれいなホテルだ。以前は、国営の「インツーリストホテル」で刑務所の囚人のように並ばされてトレイに質素な食事を載せて大きなテーブルで食べたものだが、今回、レストランの朝食では、豪華なビュッフェに卵料理を目の前で焼いてくれるスタッフもちゃんといる。シェフ帽をかぶったお兄さんにオムレツをひとつ頼む。お皿に生の海老が盛られているのを見つけた彩乃が、「エビエビ！」と指差すと、お兄さんはよっしゃとばかり、ミックスオムレツとは別に、小海老の炒め物を山盛り作ってくれた。一点主義の彩乃がその海老の皿を独り占めしてご機嫌で食べ続けたのは言うまでもない。何しろ、以前来た時に比べると、ホテルの質もサービスも格段に向上していた。

古都「黄金の環」へ

1泊2日の日程で、モスクワ郊外の「黄金の環」と呼ばれるスズダリ、セルギエフ・パッサートなどの古都の町めぐりの旅に出発する。日本語ガイドのリジアおばさんは赤毛で恰幅のいい優しげな人だ。55歳でなんと15歳の孫がいるという。日本語は片言だが、英語の先生をしているらしく英語は堪能。ドライバーのバロージャさんはグリーンの上着にネクタイもきっちり締めた背の高ーいおじさん。この人も7歳になる孫がいるそうで、彩乃をそれはそれは可愛がってくれるのであった。日本人のグループは多いが、彩乃のような

セルギエフ・パッサートのウスペンスキー大聖堂はおとぎの国の宮殿のよう。

スズダリですれ違った少女たち。ハッとするほど可愛い少女だったので思わずカメラを向ける。

小さいお客さんは初めてだと、しきりに感心するリジアさんであった。なんだかのどかで楽しい旅の幕開けであった。彩乃は、「木がいっぱいだね」と車窓風景を眺めつつ、深い森の様子に日本でいつも見る風景との違いを感じているようだった。

まずは、モスクワから一番近い古都セルギエフ・パッサートへ、車を飛ばして1時間半。まるでおとぎ話に出てくるようなねぎ坊主形の尖塔がある教会や修道院。その色彩の鮮やかさも見ていて楽しいものだ。でも、もっぱら彩乃の興味は犬や猫、ヤギや牛の方に向けられていたが……。

スズダリの町はもっと素朴な田舎町であった。9平方キロの町中に数え切れないほどの教会や修道院、博物館があって、まさに「生ける歴史の故郷」。モスクワの郊外に輪を描くようにして、ピカピカ光り輝く黄金のドーム屋根がある古都が点在するために、「黄金の環」と呼ばれるようになった。

私たちが泊まる「ポクロヴスキーホテル」は、なんと町中でもひと際美しい修道院の中にあったのでびっくりした。芝生に覆われた広い敷地の中に、色とりどりの花が咲き乱れ、青空の下、白亜の教会の銀色や緑色のねぎ坊主の塔が煌《きら》めく。絵のように美しい環境の山小屋風の木造コテージが和めるホテルである。のどかで静かな敷地内には修道女の姿も見えたりして、ちょっと厳粛な気持ちになるのだった。彩乃は広い芝生の上を走り回り、パタンと転んでも一人で起き上がっては走りつづけていた。

夕食はガイドさんもドライバーさんも一緒に、5人でお腹いっぱい食べて約1800円という驚きの安さ。それもホテルのレストランの中での金額である。ロシア製のバルティカビールはとても美味しくて、皆で5本空ける。具だくさんの野菜スープに赤カブ入りサラダ、壺焼きビーフシチュー、香ばしくてとても美味しいミンチのクレープ包みなどご馳走が並ぶ。ドライバーのバロージャさんは大きなステーキを平らげた。これが全部で1800円なのだから、申し訳ないほどであった。

中世にタイムスリップした荘厳な鐘の音色

翌朝はゆっくりの朝食のあと、10時にスズダリ観光へと向かう。雲ひとつない青空の下、ねぎ坊主の金色が光り輝く白い教会が、中世の時代にタイムスリップしたようだ。中庭でそんな世界に浸っていると、11時になった。組み鐘が5分もの間鳴り響き、歴史ある14世紀の建物にしみ込んでいくようで、感動のあまり鳥肌が立つのだった。彩乃もじっと見上げポカンと口を開けたまま、最後まで無駄口もきかず聴き惚れていた。時が止まってしまったような不思議な世界に、彼女なりに感動していたのだろうか。

スズダリにもクレムリンがあった。ちょうどモスクワのクレムリンのように、ロシア時代の華やかなりし頃の栄光を偲ばせる、黄金が多用されたゴージャスな内装である。教会では4人の修道士のコーラスがまさに始まるところだった。清らかで重厚な歌声は、先ほどの組み鐘の音色と同じように、聴く者の心の奥深くにしみ渡っていくかのようだった。

彩乃の航空券がない！

ロシア出発の朝は4時半起床。まだ暗いうちから空港へと向かった。辺りは靄《もや》が立ち込め、ちょっと向こうも見えないくらいだ。ちゃんと飛行機が飛ぶのか心配になってきた。でも明るくなってくると、天気は良くなりホッと一安心。

ところが、空港のカウンターでチェックインしようと、カウンターでチケットを差し出すと、とんでもないアクシデントが発生。彩乃のチケットのクーポンが1枚足りないのだ。どうやら、TCATで航空会社のスタッフが間違えて彩乃のチケットだけ2枚取ってしまったらしい。ひどい、ひどすぎる。仕方なく、私一人で税関の外に出て、チケット発券カウンターを探し、窓口が開くのを30分も待ち、さんざん苦労して、やっと再発行の手続きを取ったのだった。ロシアという国の旅の難しさが、こういうトラブルがあるとつくづくわかるもの。窓口の対応も冷たく淡々としているし、あちこちたらい回しにはされるし。最後に行き着いたカウンターのお兄さんが親切な人だったので助かった。買い直さなくて済んだのはその人のお陰だった。手数料400ルーブル（約2000円）払って再発行が完了した時は、もう飛行機が出る寸前であった。こういう時に限って飛行機は定刻に出発する。無事、ブカレスト行きのフライトに走りこんでセーフ。危なかった。それにしても、ロシアではなぜいつも、こんなにトラブるのか不思議で仕方ない。

あの「ドラキュラ城」へ

ブカレスト空港のイミグレーションを抜けると、ガイドのマリウスさんとドライバーのジョンさんが登場。二人ともルーマニア人だ。マリウスさんは日本語勉強中で片言の日本語と、堪能な英語をミックスしてガイドしてくれる。かなり詳しい名所の説明は、ノートにびっしり書き込んであるローマ字の文章を読んでくれるのだ。車中で日本語の朗読が始まると、我々は皆、車の中でウトウト。彩乃はすぐネンネとなってしまった。

空港から直接、郊外の見所、シナイアとブラショフ、そしてドラキュラの城として知られるブラン城を見学する行程だ。まずは、ブカレストの北西、車で2時間のところにあるシナイアへ向かう。山が迫る町は冬はスキーリゾート、夏は避暑地として知られる。山深いシナイア僧院は17世紀に建てられた静かな僧院で情緒たっぷり。もうひとつ、ペレシュ城はすごかった。1875年、カロル1世がルーマニア王室の夏の離宮として建てたものだが、なんと部屋数160室、古城なのに、全館セントラルヒーティング、バキューム式掃除システム、天井は電動で開閉と、画期的なハイテク古城である。からくりがたくさん隠されているのはおもしろいけれど、なんといっても重厚で溜め息の出る豪華なインテリア。これはフランスの城などの華やかさとは対極にあって、息苦しくなるほどの重厚さ、ちょっと偏執狂的ですらあるのだ。あちこちに置かれている白熊の頭つきカーペットも城主の趣味であったようだ。カーペットを見つけるたびに、彩乃は「クマ！　クマ！」と騒いでいた。

ここから1時間半ほど走ると、いよいよドラキュラの城ブラン城に着いた。ここがドラキュラのモデルとなった残虐な王の別荘だったところ。古びてやたら暗い印象の、部屋がいっぱいある城だ。ちょうど、しとしとと冷たい雨も降ってきて、おどろおどろしいムードも満点。暗くて狭い階段を上り下りするというのに、ちょうどお昼寝タイムに入った彩乃を抱っこにおんぶで、ふーふー言いながら、観光するパパと私であった。

それにしてもよく寝る。もともと眠りの浅い子なのに、この国では夜も10時間近く寝るわ、昼寝もするわ。しかも日頃嫌がる野菜も、サラダもバクバクよく食べるいい子であった。日頃接点のないパパが一緒で、今回はよく遊んでくれるのが嬉しいのか、いつもはママ、ママとママっ子のくせに、珍しく「パパがいい」と言うではないか。やっとパパにも懐いてきたようだ。しめしめ、であった。

子連れに優しいルーマニア

ブラショフとシギショアラは、ルーマニアで甲乙付けがたい魅力的な町である。高台から見下ろすと、レンガ色の建物と苔むしたように赤黒い三角屋根がぎっしりと立ち並ぶ、ヨーロッパの中世の町独特の魅力があるのだ。ドイツでよく見かける、マルクト広場と呼ばれる町の中心の広場がここにもあり、石畳の広場に面して市庁舎の塔があったりする。

市場で大きなブドウを1房50円くらいで買うと、おまけにもう1房彩乃にとサービスしてくれた。帰り道では、優しそうな花売りのおばあさんが、思いがけずカーネーションを1本彩乃にプレゼントしてくれた。お互い言葉が全く通じ合わないけれど、どこへ行っても子連れには優しい国なのだ。

しっとりとして情緒満点。中世の街並みが残る美しきシギショアラ。

ブラショフのホテル「アローパレス」は町一番の4ツ星ホテルだった。中国にあるホテルのように古臭いイメージで、ベッドも小さいのが2つと狭かった。でも、お湯はふんだんに出るシャワーのあるバスルームには満足。

夕食は、イタリアンとルーマニア料理の2つのレストランがあったので、後者に決定。広くて結構きれいなレストランであった。今夜はちょっと張り込んでみた。

---

*キャビア（カリカリのパンにのせてレモンを搾って食べる）
*トマトスープ（クリーミーで美味）
*ポークチョップ（香ばしくていい味、レベルが高い）

キャビアは本場物より味は落ちるものの10ドルにしては美味しかったし、メインディッシュも満足。さらに、お隣りの席の紳士が花とチョコレートを彩乃にくれるし、お店の人は特別パパナッシェという名物の揚げドーナツをサービスしてくれるし、この国でもモテモテの彩乃。ご機嫌で、その紳士とダンスまで始めるのであった。

上／ブラショフのホテルのレストランで、ディナーのとき、花とチョコレートをもらいご機嫌の彩乃。下／優しいおばあさんの店で彩乃に手編みのセーターを買った。

ルーマニアという国は人々も冷たそうで、どことなく暗いイメージを、私が勝手に思い描いていたに過ぎなかった。実際、来てみると、農業国でラテン系で、のどかな美しい国であった。フルーツも野菜も驚くほど安くて美味しくて、トマトなど甘くて彩乃も驚くほどたくさん食べた。金曜の午後からは会社も休みらしく、週休2日半が当たり前というゆとりの国民。皆、車で郊外の別荘などにでかけて週末をのんびり過ごすそうだ。あくせく働くだけの私たちに比べ、なんという豊かな人々だろう。こんな国で暮らしていたら、間違いなく人生観が変わってしまいそうな思いがした。

さて、ブカレスト空港から、チェックインして、モスクワ経由で成田へと帰国する時のこと。いつも皆のチケットやパスポートを管理してくれるパパが、バッグからチケットを取り出そうと、ごそごそしている。何か紙切れがバッグの底の方から引っ付いて出てきた。

な、なんと、それは、なくなったはずの彩乃のチケットクーポンであった。いつの間にか、バッグの中で1枚剥がれ落ちて、底の方に丸まって入っていたらしい。

用心深く、慎重な、でもこういうところがとってもズボラなパパであった。

子連れ旅行ワンポイント・アドバイス ❻

子供にも安心なメニューを堪能できる

子連れ旅行にふさわしくなさそうなロシアだが、モスクワの街中は治安が少々悪いものの、郊外は全く問題がない。モスクワでは専用車をチャーターするのがお勧めだ。ルーマニアは全般的に安全で人々も親切なので、子連れでも楽しめる国である。どちらの国も食事が美味しく、日本人の口にも合う。野菜や肉がたっぷりのボルシチスープやホワイトソースをたくさん使った栄養のある料理など、バラエティ豊かなメニューが揃い子供にも安心だ。

●旅行シーズン：冬場はかなり寒い国々なので、初夏から秋にかけてがベストだろう。

●持ち物：３歳になろうとする子供なら、当然自分で歩ける。だが、旅先で眠くなったら、もう重くてずっと抱っこすることもできないので、バギーはまだ必要だろう。荷物を掛けて歩けるし、空港でも移動が楽だった。

●利用航空会社：アエロフロートロシア航空は近年サービスも向上した。チャイルドミールもあり、ハンバーグにオムレツ、子供が喜ぶクマの形のクリームパンまでついていた。

●言語＆ガイド：ロシアもルーマニアも英語が通じにくい。スムーズに旅をするには英語ガイドか日本語ガイド（稀だが）を日本であらかじめ頼んでおくとベター。

●ホテル：「ARO PALACE（アローパレス）」★★★★（BRASOU）ルーマニアには地方の町にも安心して宿泊できるホテルがあって、子連れでも不自由はない。「INTERCONTINENTAL（インターコンチネンタル）」★★★★★（BUCHAREST）　高層でネオンきらびやかなロケーション。ルームサービスの味はよくなかったが……。

7 Pakistan

パキスタン

子供は親善大使

—— 彩乃2歳11カ月 ——

大のお気に入りとなった
馬車。タキシラ遺跡にて

Pakistan

ルート カラチ（経由）イスラマバード→ペシャワール→チトラール→カラッシュバレー→ペシャワール→カイバル峠

1999・10・5〜1999・10・11　7日間の旅

13時間半飛行、無事クリア

ファイブスタークラブの社員旅行に今年も参加した彩乃。北京、ミャンマーに引き続いて、3度目の行き先はパキスタンであった。しかもパキスタンの中でも北西辺境州にあるチトラールへペシャワール経由で、さらに、カイバル峠を目指すマニアックなプランだ。彩乃はもうすぐ3歳という年の秋であった。

今回は前半組で、太陽君も一緒の班だ。1年ぶりの再会、ちょうど季節はずれの七夕のように、年に1度の逢瀬である。1年経ってもお互いに覚えているのか、行きの飛行機で会うなり意気投合。彩乃の後をついて回り同じことをしたくてたまらない太陽君をしっかり従え、姉御のように仕切りまくるのであった。でも、リードしているようでいて、時々追いかけられたら怖ーい！　と逃げ惑い、皆の笑いを誘う彩乃であった。

成田からパキスタン航空機でマニラ経由カラチへ。所要13時間半の長旅だが、マニラの空港のトランジットタイムにも二人は仲良くはしゃいでいて、親としては、べったり相手しなくていいのが大助かりというところだった。

乗った途端にパキスタン、というムードたっぷりのパキスタン航空は、離陸の前にコーランのお祈りがスクリーンの画面いっぱいに流れる。機内サービスにお酒などないし、ベジタリアン・メニューの機内食が充実しているしで、さすがは敬虔なイスラム教の国パキスタンの国営航空である。チャイルドミールは特筆ものであった。なぜなら普通の大人向きの「パキスタン風チキンカレー」よりよほど内容が充実していたのだ。チキンの照り焼きとエビピラフ、ババロアなど……。彩乃はちょうどネンネだったので、ママとパパが少しいただいたのであった。

カラチには真夜中に到着したが、彩乃たちも寝ていたところを起こし入国審査場へ。街中の「シェラトン」にトランジットのための1泊。といっても、お風呂に入って寝たのが2時半、4時半起きでまた空港へ向かい、目指すイスラマバード行きの国内線に乗るのだ。イスラマバードへの直行便がない曜日なので仕方がないのだったが、ちょっとハードな行

子供好きで優しいチトラールのドライバーさん。わかっちゃいるが、ちと怖い？

程だった。

子供の扱いが上手なパキスタン人

イスラマバードへの1時間のフライトを終えると、空港には前回パパと私が山の方に旅したときにお世話になったガイドのジャベットさんがニコニコ顔で待っていてくれた。ジャベットさんはパキスタンでベスト5に選ばれた、日本語も堪能な優秀なガイドさんである。彩乃を見るなり、会ったこともないのに抱き上げて「大きくなったねー」とホッペにチュー。人見知りは直らない彩乃で、ママやジージ・バーバ以外にはなかなか抱っこさせない彼女が、ジャベットさんには喜んで抱っこされている。さすがは子沢山の国パキスタンの人。子供の扱いがうまい。

子供は馬車がお好き

ペシャワールまでは車で約4時間の道のりであった。途中、世界遺産のタキシラ遺跡へ。

ガンダーラ最大の遺跡であるタキシラは、数多くの仏教遺跡とゾロアスター教（拝火教）の神殿や、都市遺跡からなる壮大な遺跡である。遺跡内の移動にSUZUKIと呼ばれる日本のスズキが乗り合いバスとして活躍していた。遺跡好きなら、2日も3日もかけてじっくり見る人もあるそうだが、我々は見所だけササッとスピーディーに回り、ランチを食べたらすぐペシャワールへ。

滞在先「パール・コンチネンタル」ホテルにチェックイン。パキスタンにもこんな高級ホテルがちゃんとあるのかというと叱られそうだが、中華料理のレストランもある立派なホテルでひと安心の私たち。でも、彩乃たち子供が興味を示したのは、そんなホテルより外を走る馬車であった。

太陽君と一緒に馬車に乗って、手綱を引かせてもらった彩乃は、けっこうスピードが出てパカパカ走り出すと、まるで自分が馬車を走らせているのかと勘違いして目をランランと輝かせていた。「かぼちゃの馬車に乗って運転したよ」と、後で皆にふれ回っていたほどだ。それからである。馬車やロバを見かけると、二人して子供たちが「あれ、乗るー！」と騒ぎ出したのは……。

ひんやり、美味しい山間の空気

今回の目的地、チトラールへはペシャワールから空路で50分か、はたまた陸路だと12時間か、その場にならないとわからないのだ。というのが、フライトは天候次第でよくキャンセルされるのだと言う。楽チンな空路と、6時間車＋悪路6時間のジープの旅か、天国か地獄かの運命の分かれ道である。しかし、心配していたフライトはラッキーなことに無事飛ぶことになった。フォッカーのプロペラ機は40人乗りぐらいでほぼ満席だ。50分のフライトでチトラールの空港に降り立つ。地上に立った途端に空気の美味しさを感じた、という経験は初めてだったかもしれない。空が高く、雪をかぶった7690メートルのティリチミールをはじめとする、壮麗な山々に囲まれ、ひんやりする爽快な空気に、思わず深呼吸する私たちであった。同じパキスタンでも、フンザほど山が近いというわけではなく、それがかえって広々とした開放感を感じさせてくれる。東京で溜まった日頃の垢を落とすには最高の場所だ。ターバンを巻いたひげもじゃのおじさんがジープでお迎えには大喜びの子供たちであった。

チトラールのある北西辺境州はアフガニスタンと長い国境線を接し、古くから中央アジアの影響を強く受けてきた土地柄で、峠越えの厳しさからか他のパキスタンの土地からの侵入が拒まれ、孤立し、独自の文化を育んできたのだった。19世紀末までは王国であったこの地が、パキスタン独立の22年後王制廃止となり、パキスタンの管理下の北西辺境州に属することとなった。

子供を介して交流が生まれる

チトラールの町中にはかつての王宮やモスク（イスラム教寺院）があり、今も王族の子孫が暮らすチトラール・フォートも見ることができる。ねぎ坊主屋根の尖塔が3つもあるカラフルなシャヒーモスクを見学していると、突然「おしっこ！」の彩乃。トイレなどないので、モスクの外に出て脇の草むらで用を足す。神聖なモスクの傍でこんなことして大丈夫か？

そして見逃せないのが町のバザールであった。日用品の店と並んで、チトラール帽と呼ばれる独特のハンチング帽の店があちこちにある。店の奥で旧式のミシンを踏んでいる男の人の姿も見える。そういえば、町行く人々の多くがこの手の帽子をかぶっている。

コーヒーショップのような小汚いチャイ屋では、本格的なミックスチャイを揚げ菓子やサモサと一緒に食べながら雑談する男たちが多い。女性の姿は全くと言っていいほど見かけない。異国、日本から来た女性や、見たこともない小さな子供たちを目にして、地元の人々は宇宙人でも見るように私たちを眺めるのであった。辺境の地ではよくあること。お

上／チトラールのシャヒーモスクは100年あまり前に建てられた「王のモスク」。イスラム建築にヨーロッパ風建築がミックスして独特の色目と趣きの外観を見せている。右／女性の姿を見かけない（皆、家にこもっている）チトラールだが、学校へ行く女の子に出会った。

互いがお互いを観察するのだ。そして子供を介して交流が生まれる不思議。バザールの果物屋の兄さんが彩乃たちにバナナをプレゼントしてくれた。

そして、ヤギの肉屋を見つけてギャーッと叫ぶ子供たち。なんと、ヤギの生首とひずめが店先に飾られ、皮をはいで吊り下げられているヤギ肉。隣のレストランではアフガニスタン式にあぐらをかいて座るターバン姿の男たち。アフガニスタン人が多いのも土地柄である。料理もここでは、他のパキスタン地のようにスパイスを多用せず、何だか物足りない味付けらしい。

安宿には安宿の良さがある

「チトラール・ゲストハウス」ははっきり言って安宿であった。こんな辺鄙な所にいいホテルなど望むべくもないのはわかっていたが、シャワーのお湯はすぐ水に変わり、シャワーヘッドもポロリとはずれるようなお風呂、よれよれの汚いタオル。唯一バスタブのある部屋に泊まったのだが、バスタブ半分のお湯を溜めたら、もうお湯は水に変わる。一人ずつなど入っていられないので、太陽君を呼んで彩乃と二人入らせることになった。そんなことはよく覚えているもので、後々まで、「あやの、たいようくんとおふろにはいったよ」とよく言っていたものである。

食事もスパイシーじゃないうえ、冷めていたりするので、かえって子供にはちょうどいいのだが、大人には物足りない。我々に同行していたアズマットさんも、まずそうな顔つきで、ホテルの調理人にスパイスを調達しに行くようにと頼んでいた。すると、翌朝、大人向けのスクランブルエッグはチリ入りのおいしい一皿に変身を遂げていた。

雄大な風景を独り占めできる「チトラール・ゲストハウス」。上／美味しい空気が流れ込んでくる居心地がいいテラス・スペース。下／安宿とはいえ、こざっぱりとして清潔感はある。

そんな宿だが、ロケーションは最高だった。マスツージ川というきれいな川に面し、山と川を眺められるテラスがあってくつろげるのだ。テラスには縁台のような木のスペースにクッションが置かれ、子供たちはその上で飛びはね追いかけっこをして大はしゃぎだ。ホテルの裏手に羊の群れがいるので、パパたちに連れられ散歩に出かける。放牧の時間になると、このテラスからも羊の群れの出勤風景が眺められるのだ。

このゲストハウスはスタッフのもてなしの心も十分。素朴で親切な人たちだ。もちろん英語などほんの片言しか通じないが、子供たちは平気。ホテルは他の泊まり客もなく我々だけで貸切だったので、皆に相手にしてもらい遊び回っていた。

もうひとつ、旅行中溜まっていた洗濯物をランドリーサービスに出したのだが、我が家と太陽君ちの分と合わせて大きな山が2つ分あった。それがきれいに洗濯されて返ってきて、しかも全部で400ルピー（約800円）という安さは、申し訳ないほどであった。

生理中の女性と臨月を迎えた妊婦を隔離するカラッシュ族

一路、アレキサンダー大王の末裔と言われるカラッシュ族が暮らすカラッシュバレーへ。アフガニスタンとの国境付近の谷に住む非イスラム教徒の民族で、カリフィスターン（異教徒の国）とも呼ばれる独特のエリアをつくり上げている。パキスタン政府はこれを容認しているそうだ。2時間半の道程、ガードレールもない険しい崖っぷちの細道や谷間をジープで延々と走り続ける。彩乃は上機嫌で、トラックやジープとすれ違う度に「ジープが来るよーあぶないよー」と叫び、イブラヒムさんを大笑いさせる。「おじちゃん運転うまいねー」と言うので、通訳してあげると、もじゃもじゃの髭の下の口元が緩んでいる。

カラッシュバレーへ行くには仮登録証明書が必要だ。その辺は抜かりなく、ジャベットさんたちが手配済みであった。カラッシュ族の住む3つの谷のうち最も大きいブンブレッドを訪れた。彼らの風貌や風習はとってもユニークで独特のものだ。女たちの衣装は黒でカラフルなビーズの襟飾りがついている美しいものだ。細長い三つ編みの髪には宝貝が編み込まれ、おでこのところでクロスしてある。目の周りにもザクロや桑の実から作る墨でユニークな柄が描かれている。木と石を組み合わせた民家の見学をさせてもらった。彩乃や太陽君を見ると大喜びで人だかりができ、スターになったみたいだ。

独特の風習はまだまだあった。村はずれに小屋がポツリと建っている。不浄とされる生理中の女性と臨月を迎えた妊婦はその小屋で暮らさなければならないそうだ。お葬式は参列者が三日三晩踊り、親族は風呂にも入らず民族衣装も着けず髪も結わず棺の傍らで泣き続けるのがしきたりだそうだ。しかし結婚に関しては意外にドライで、女性にはほかに気に入った男性が現れたら離婚権があるのだというから、差別されているだけでもなさそう

上／北西辺境州に位置するペシャワールには、国境を接するアフガニスタンから「アフガンバス」が日々やってくる。左／「異教徒の国」カリフィスターンに暮らすカラッシュ族は2000人あまり。独特の生活習慣を持つ。

だが。

ライフル片手に年賀状用写真をパチリ

翌朝はペシャワールに戻り、後半部隊と合流して全員でカイバル峠に行って、恒例となった年賀状用の写真を撮る予定だ。ペシャワールから約2時間、アフガニスタンとの国境をなすカイバル峠は、アレキサンダー大王もその昔通り抜けた峠だ。ライフルを持った警官が私たちのバスに二人同行して向かう。カイバル峠へは警備を付ける決まりになっていたのだ。峠では遥か向こうの未だ見ぬ国アフガニスタンを見渡し、険しい山道をかつて越えて行ったアレキサンダー大王に思いを馳せる。

全員での記念写真に彩りを添えたのは、ライフルを持った若き警官たち。彼らはとってもフレンドリーで、なんと私たちにライフルを持たせてくれ、一緒に記念写真を撮らせてくれるほどであった。彩乃までライフルを持ってパチリ。こちらは暴発でもしないかとちょっぴりハラハラであったが。次に私も持ってみた。予想以上にずっしり両手にくる重みは、これがほかならぬ本物のライフルで、戦争で人を殺す道具なのだと怖くなった。このライフルが今後は使われることがないようにと、祈りたい気持ちであった。

子連れ旅行ワンポイント・アドバイス 7

子供が存分に楽しめる国

都市部には快適な高級ホテルもあるパキスタンだが、さすがに辺境中の辺境、チトラールまで足を延ばすと、ホテルはまさに安宿しかない。でも、それは大人にとっての安宿で、まだ３歳になるかならぬかの子供には安宿も高級ホテルもない。１年ぶりに再会した同い年の太陽君と一緒にお風呂に入ったり、眺めのいいテラス風のスペースで、はしゃぎ回って大喜びだった。馬車に乗ったり、ジープに乗ったり、果てはライフルを持たせてもらったり……。新鮮で楽しいことばかりの旅先であった。

●寒さ対策：低地と高地の温度差には、洋服をまめに脱ぎ着させるのが必要。
●ベストシーズン：チトラールは高地なので、冬場は極寒。４～10月がいい。ペシャワールは真夏は猛暑なので、夏以外がよい。
●利用航空会社：パキスタン航空。国営。お酒は飲めないが、機内食、チャイルドミールも充実していた。ディスカウント航空券にも子供料金の設定があるのは嬉しい。
●食事：衛生面というよりも、スパイスのことを気にして、カップ麵、レトルトおかゆなどを子供用に持参した。チトラールはほかの地方に比べ、スパイシーではないので、大人は不満だが、子供にはちょうどよかった。
●ホテル：「PEARL CONTINENTAL（パール・コンチネンタル）」★★★★　設備がよいので安心。「CHITRAL GUEST HOUSE（チトラール・ゲストハウス）」★　子供のお気に入りとなった辺境のホテル。環境が抜群にいい。ランドリーが激安なので子連れには嬉しい。

8 Nepal

ネパール

彩乃とクマ子のバースデー旅行

—— 彩乃3歳を迎える ——

ヒマラヤ観光の拠点ポカラの風景

Nepal

ルート カトマンズ→ナガールコット→チトワン国立公園→ポカラ

1999・10・29～1999・11・10　13日間の旅

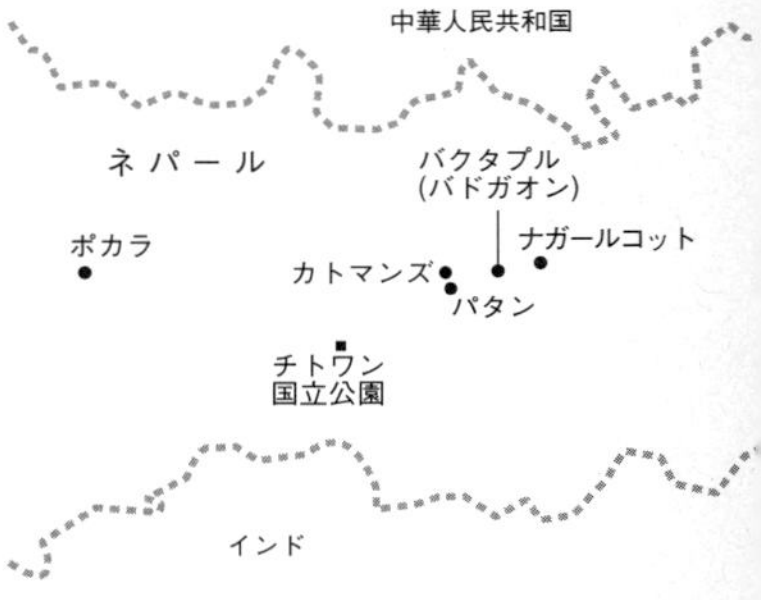

ネパールでハッピィ・バースデー計画

我が家は3人家族である。……と言うと、彩乃いわく、「4人か・ぞ・く!!」いつも訂正されてしまう。

そう、彩乃が1歳の誕生日に我が家にやって来たクマ子を忘れてはいけない。11月8日にはクマ子も2歳のバースデーを迎える。すなわち、彩乃が3歳になる日だ。

毎年、彩乃の誕生日にはきれいな花束をプレゼントし、それをバックに彼女の写真を撮ることにしていた。結婚10年目にしてひょっこり妊娠、世にいう高齢出産だった。出産時の大量出血で死にかけた私、男の人だったら死んでいたでしょう、と後で聞いてびっくり。

両手の点滴を1週間続け、輸血は避けて、白血病などに使うという造血剤で助かった。計3週間の入院は、初めての経験で、同じ病院の新生児室には、３３０８グラムで立派に生まれた彩乃がすくすくと育っている。毎日抱っこしてはおっぱいをやるのが嬉しくて、それは楽しい入院生活であった。そんな彩乃がいちばん大切にし、毎晩一緒に寝て、旅行にも必ず連れて行く宝物のクマ子だから、いつしか私にとっても可愛い存在となっていたのである。

その年は、ネパールの旅先で「彼女たち」のバースデーを迎えることとなった。ヒマラヤを展望できるカトマンズ郊外のナガールコットに泊まり、チトワン国立公園で象に乗ってサファリをし、ポカラでミニトレッキングにトライする。ちょうど、ネパールはマリーゴールドのオレンジ色の花が咲き乱れ、一年でいちばんヒマラヤの山々が美しい季節。今年は、ポカラの湖畔のホテルで、お花をバックにバースデー写真を撮れたら、と旅立ったのだった。

彩乃は旅先でも自力でかなり歩けるようにはなっていたが、まだ、バギーは持参した。おしゃぶりはとっくに卒業していたものの、クマ子はもちろんお供である。だから、まだまだ旅支度の軽量化とは程遠い我が家であった。

成田〜バンコクは、ユナイテッド航空で約6時間半。チキンの変わり揚げとジャーマンポテトのチャイルドミールを平らげて、ひと眠り。バンコク着後ホテルで1泊。翌日は午前のフライトで約3時間半、カトマンズまでタイ航空のフライトだった。ランチタイムなのでしっかりしたホットミールが出て、魚のフライ、マカロニとグリーンピースのメニューは結構美味でパクパクと食べていた。機内では彩乃もじっとしていられるようになり、私も安心してリラックスできるようになった。

ヒンズー教の聖地パシュパティナートへ

まず、パシュパティナートへ。ここはヒンズー教の聖地である。インドではガンジス川の聖地ベナレスが有名だが、ネパールにも同じように聖地があるのだ。ガンジス川の源流で、沐浴場があり、サドゥと呼ばれる行者がいる。中には髪の毛が地面につくほど伸ばしておでこや目の周りに黄色い粉を塗りたくっているすごい形相のサドゥもいる。子供は外見で偏見を持たないのだろうか、彩乃は珍しそうに見ていたが、平気で彼らの間に入って座りこんでいる。対岸では2カ所で死体が火葬され、黒い煙をたなびかせている。よく目を凝らすと、なんと死体の手足がぶらりと見えているではないか。ネパールのヒンズー教徒にとっても、インドのベナレスのように、死んで火葬され、この聖なるガンジス川に灰を流してもらうのが何よりの幸せだという。何も知らずに、彩乃はサドゥのおじさんにビ

カトマンズの街角で見かけたサドゥ（修行僧）

ンディーという、色粉をおでこに付けてもらって喜んでいる。

人気の秘密は、「ナマッテェー（ナマステ・こんにちは）」

今回のネパール人ガイドはアショクさんというおじさんであった。日本語が堪能なので、彩乃とのコミュニケーションもばっちり。すぐになついて、いつも抱っこや肩車をしてもらうのだった。こうなると、私はとっても楽チンさせてもらえるので大助かり。やはり子連れ旅行では、現地ガイドさんは子供好きの人に限る！

カトマンズでは牛やヤギのいるお寺を見たり、目玉寺院とも呼ばれるラマ教寺院スワヤンブナートへも行った。ストゥーパに目玉の絵が描かれているユニークなお寺は青空の下とてもきれい。まわりの土産物屋でピアスを買ったり、刺繍の美しいパンジャビドレス（パジャマのようで、上着が長いもの）を買ったり。カトマンズは欧米人のバックパッカーが多いので、お寺の傍にある古い建物をお洒落なインターネットカフェやレストランとして使っていたり、独特の世界が展開している。

目指すナガールコットの展望台へは、カトマンズ郊外の古都バドガオンに寄って行く。五重の塔のようなお寺や旧王宮など、木造の建物が昔のままきれいに残り、時代を遡ってきたような錯覚。

古いお寺の階段で、ちょうど映画のロケをやっていた。美しい男女がたくさんダンスをしているシーンだ。彩乃を見つけたダンサーが手を振ってくれる。近付いて行って、「ナマッテェー（ナマステ・こんにちはの意）」と両手を合わせて挨拶する彩乃に全員が大喜びしてくれた。

古い建物の2階がカフェになっている所で、チャイを飲みながらしばし休憩。広場を見下ろし、古都の風情に浸るのであった。

標高2100メートル、180度の大パノラマは圧巻

標高2100メートル、ナガールコットはカトマンズの郊外にある展望台だ。標高が高くないので、高山病の心配もなくていい。段々畑が広がり、ツバメが飛び交うのどかな風景。背景をなす崇高なまでの山々の180度のパノラマは、溜め息が出るほど素晴らしい。予想以上に山が近い。日の出の風景も必見だ。空には雲ひとつなく、雪をかぶったヒマラヤの山々がくっきりとその輪郭を見せてくれる。段々畑に雲がたちこめ、雲海と雪山が朝陽に輝くシーンがここでのハイライトだろう。

宿泊したホテルは「クラブ・ヒマラヤ」。どの部屋からもヒマラヤが眺められ、展望テラスに温水プール、サウナ、ガラス張りのこれまた眺めのいいレストランと、すべてが5

古都バドガオンのお寺で出くわした映画のロケーション。この後、彩乃を見つけた人々が大騒ぎ。

上／刻々と風景を変化させるヒマラヤの展望台、ナガールコット。
左／チベット仏教のお寺「目玉寺院」の愛称で知られるスワヤンブナート。

ツ星のリゾートホテル。ここに2泊して、のんびり昼間のヒマラヤ展望も楽しもうというプランだ。

ナガールコットからジープで30分のところに展望塔がある。ここからの視界はより広いのだ。ホテルの前にいたお兄ちゃんと話していると、ジープをチャーターして連れていってくれることになった。1時間で1000ルピー（約1600円）のところを、2時間に延長してくれた。やって来たのはボロボロのジープ。後ろの荷台に木の椅子がしつらえてある。ジープというとパキスタンを思い出したのか、「たいようくんはいないねー」と言う。ガタガタ道ではキャーッと雄たけびを上げる彩乃に、なぜか一緒に乗ってきた3人の地元のネパール少年が皆大笑い。会う人ごとに連れてきているクマ子を紹介する彩乃。展望塔の下に着く頃には、少年たちはすっかり彩乃が気に入ったようで、階段を昇る時に抱っこをしてくれたり、何かと世話を焼いてくれるのだった。美しい展望よりも少年たちとふざけている方が楽しそうな彩乃であった。

チトワン名物、象乗りサファリで、どこまでも！

象に乗ってサファリを楽しむ。これがネパールでも有名なチトワン国立公園だ。ここへ辿り着くまでが凄かった。ガタガタ道を約5時間。それから、小舟やジープに乗り換えやっと到着という、この上なく辺鄙なロケーションであった。

ホテル「タイガートップス・ジャングルロッジ」。ジャングルの中に溶け込んだ高床式の2階建てシャレーは、こげ茶色の木造と籐のすべてが天然素材でできている。チェックインして、荷物をほどく間もなく、象乗りサファリに出発。現れたのは、ここで飼われている13頭の象の中で一番大きいという牙も立派な象のサムシェール君。パパと彩乃とアショクさんと4人一緒に、象の背中に付けられた四角い台に座って乗った。彩乃は私のお膝に抱っこして乗せる。すごく視線が高く、美しい草原の遠くまで見渡せて気持ちのいい体験である。サムシェール君は逞しく、草どころか小さな木までなぎ倒し、川の中まで平気で進んでいく。さっそく、行く手に3頭のサイ発見。鹿やイノシシも現れた。結局7頭のサイが見られたのはすごい。ケニアなど、動物サファリの本場でもなかなか野生のサイは見られないので、これは珍しい体験だった。

「タイガートップス」の敷地内で飼われている象たちの中でたくましさNo.1のサムシェール君。

象使いは自分の担当の象をそれは大切にしている。

サムシェール君の象使いもそうだ。お互い息がぴったり。象使いの言うことはよく聞くサムシェール君だ。サファリの後は、足にヒルがついたりしているので、ひとつひとつ取ってやったり、水浴びをさせてやったり、エレファントグラスという象の大好きな草に、黒砂糖や米や塩を巻き込んだ餌をラグビーボール状にして、口の中に入れてやる。象は大きな口を開けて待っているのだ。目が嬉しそう。この餌をやるのが楽しくて、彩乃は私に抱っこされたまま、自分の頭より大きな餌を持ち上げて長い鼻にのせてやるのだった。

ヒマラヤを眺めながら、のんびりリゾートライフ

チトワンのジャングルを去りポカラへ向かう。ジープでひた走る。チトワンを出てすぐ、キツネのファミリーがジープの前の道路を横断した。「キツネさん、あやのにバイバイしてくれた」と彩乃。なんだか私まで嬉しくなった。

ガタガタ道が6時間も続くのかと思ったら、途中から道もよくなりホッとひと安心。彩乃を抱っこして乗るので結構ガタガタ道はハードなのだ。田舎道を走っていると、小さな家の表に木の箱がぶら下げてあった。どうやら揺り籠らしい。可愛い赤ん坊が立ち上がった。車を降りて彩乃は赤ん坊をあやしに行く。近所の子供も集まってきてニコニコみんなで記念写真。

上／早朝にはクリアに見えていたマチャプチャレの勇姿も油断しているとこのとおり。アッという間に雲が立ちこめてしまう。左／チャンドラコットへ向かう道中、人々の暮らす村や小さなカフェなどを通り過ぎていく。

ポカラはネパールの真ん中あたりに位置するヒマラヤ観光の拠点の町である。静かな蒼い湖面に山々の雄姿を映し出すペワ湖に面している町だ。ホテルはポカラの町から30分あまり離れた所にある「フルバリ・リゾート」にのんびり3泊滞在することになっていた。庭も広く、ゆったりした敷地からヒマラヤの山並みが見渡せるリゾートタイプのホテルだ。ここでも、基本的にフリーにしているので、トレッキング以外はアショクさんは別行動。ホテルも町の安い宿を取っているらしい。なので、我々家族だけの休日である。

今日は長旅だったので、シャワーを浴びてひと休みしている間に、5時半になると寝てしまった彩乃。夜に起こしても起きないので、可哀想だがディナー抜き。バギーでネンネしたまま口を開けて寝ている彩乃を尻目に、パパと私はゆっくり食事させてもらった。

ヒマラヤ・トレッキング＆ハッピィ・バースデー

今日は、彩乃の3歳の誕生日。まずは、今回の旅のハイライトでもあるトレッキングに挑戦。年寄りでも子供でもOKのチャンドラコットへの簡単なお散歩コースを選んだ。山は早朝が一番きれいに見えるので、5時15分起床。朝食も取らず6時出発。ガイドのアショクさんと、彩乃をおんぶしたり荷物を持ってもらうために雇ったポーターのお兄さんと、皆で山歩きの拠点ルムレまでハイエースで所要1時間。道中、日の出タイムとなり、雲ひとつない銀色の山並みが、オレンジ色の朝陽に輝く様子が見える。これだけでも、早起きしてきた甲斐があったというもの。

ポーターのお兄さんは、細いのに我々のカメラバッグを提げて、彩乃を抱っこしたりおんぶしたりして、片道1時間の道のりを往復してくれた。途中、「ママ、抱っこー」とごねる彩乃をうまくあやし笑わせ、軽々と石段を登っていくのには脱帽であった。アショクさんも彩乃とすっかり仲良しになっていたので、時々肩車をして歩いてくれた。村の小道は石段になっていて、そこを登っている時のこと。アショクさんはふとしたことからけつまずいて転んでしまった。私は一瞬真っ青！　彩乃が落ちる⁉　すると、アショクさんはすばらしい反射神経で彩乃を受け止め、セーフ。彩乃を受け止めた腕と石段にぶつけた足はかなり痛そうだったのに、平然として歩き続けたのだった。さすがに肩車は危ないと思ったのか、彩乃も自分で歩くと言い出し、平坦な道はほとんど自分で歩いたのだった。

目的地のチャンドラコットでは、マチャプチャレやアンナプルナサウスなど7000メートル級の真っ白い峰々が近くに迫り、スケールの大きい自然美を体感できた。展望台の茶店で持参したBOXの朝食を食べる。山の眺めのおまけ付きで、何もかもが美味しく感じられる。

午前9時。クリアーだった山の中腹に、雲が湧いてきた。午前中とはいえ、山の全容は

上／早朝、朝陽に輝くヒマラヤの山々を背景に記念の１ショット。
右／ポカラの「フルバリ・リゾート」の庭でヒマラヤを背景にバースデーの記念撮影。あれ？　クマ子はどこ？

拝めなくなるのだ。早起きが必要なわけである。

ホテルへ戻り、庭を散歩して、念願のお花を背景に記念写真を撮る。今年はヒマラヤが背後に迫っていて、より一層グレードの高い写真に仕上がった。めでたしめでたし。

「クマ子」を巡る人情物語

すべての目的を達成した充実感をお土産に、ネパールを去る日の朝が来た。お世話になったアショクさんに、空港で別れを告げる。彩乃を可愛いがってくれたアショクさんは目を真っ赤にして彩乃を抱きしめる。見えなくなるまで外で手を振っている。ガイドは空港内へ入れないので、何か搭乗手続きなどでトラブルがないか、終わるまで外で待っていてくれるのだ。搭乗手続きを終え、さあ出国審査場へ行こう。と、その時である。彩乃が言った。

「クマ子がいない」

どのかばんにも入っていない。これは昨夜のホテルに置き忘れだ。彩乃の寝ていたベッドの布団の中に違いない。「クマ子をホテルの部屋に忘れました！」アショクさんにそう告げると、「ホテルへ行って取ってきます」そう言うが早いか、近くにいた人のバイクをひったくるように借りて、飛んで行ってくれたのだ。カトマンズの空港から町のホテルまで20分。往復40分だが、フライト出発まであと1時間10分。間に合うだろうか。

思えば、クマ子の紛失事件は今までに3回もあったが、いつも何とか戻ってきた。シンガポールの空港のトランジットルームのソファの隙間に落として、気付かず大騒ぎで、あちこち探し回ったり、保育園への道中落として、諦めていたら、近所の誰かが保育園の園児のだろうと職員室に届けておいてくれたりした。でも、今回はさすがに、もうだめかもしれない。時間切れになったら、アショクさんを待てずゲートへ向かうことになるだろう。待って待って、待って、待つこと40分。パパはもう待てない、というイライラ顔。もうちょっと！彩乃と私は一心にアショクさんの現れるのを待ち焦がれていた。その時である。

「ありましたよー‼」遠くからアショクさんの声と共に、クマ子を高く持ち上げて振りながら走ってくるアショクさんの姿。クマ子を抱いて頬ずりする彩乃。私は感激のあまり涙が止まらなかったのであった。しかも、アショクさんはそのことのお礼を渡そうとしても一切受け取ろうとしなかったのだ。

彼の人情と親切は、一生忘れられない宝物となって、今も思い出の引出しにそっとしまってある。

子連れ旅行ワンポイント・アドバイス 8

3歳、感情を表現し始めて楽しさ倍増

3歳になると物心がつくとよく言われる。旅行においても、3歳までは親の都合で連れて行くイメージは否めないが、3歳を過ぎると子供も一緒に楽しめるようになってくる。会話が成り立ち、子供も感情を表現し始めて、一緒の旅も楽しさを増してきた。「きれいなお山だね」「可愛い象さんだね」などと、いつの間にか感想を言っている。何でもない風景に感動していたりすると、大人である自分が忘れていた感性を思い出したりするのも面白い。日本語のスルーガイドを付ければ、子供の遊び相手にもなり、抱っこもしてもらい、これほど助かることはない。簡単なトレッキングも、子供を抱っこしてもらうためのポーターさんを雇う人件費が安いので（1日10US$ぐらいだった）可能なのだ。バギーは、今回の旅も携帯して重宝した。

●ベストシーズン：ネパールの山を見るなら、11月から3月がいい。

●アクセス：成田～バンコクは所要約6時間半。バンコク～カトマンズは所要約3時間半。長旅でも機内で上手に遊んだり、寝てくれるので、かなり楽になってきた。

●ホテル：「CLUB HIMALAYA（クラブ・ヒマラヤ）」★★★★★　ヒマラヤを眺める展望台にある高級ホテル。山のリゾートをのんびりとした雰囲気の中で満喫できる。「THE FULBARI RESORT（フルバリ・リゾート）」（ポカラ）★★★★★　ヒマラヤが一望できる40ヘクタールの敷地を有する本格派リゾートホテル。

ジャイプールの街にて

⑨ India

インド

象タクシーで闊歩する

—— 彩乃3歳4カ月 ——

India

ルート　バンコク（経由）デリー→ベナレス→アグラ→ジャイプール→オーランガバード→エローラ遺跡→アジャンタ遺跡→ゴア→ムンバイ

2000・3・18〜2000・3・30　13日間の旅

待たせてばかりで、ごめんね……

いつも旅行に出る前は、私たちの仕事の忙しさは倍増する。平日は夜9時か9時半に保育園へお迎えに行くまで、彩乃はけなげにも、ママの帰りを文句もいわず待っていたものである。でも、もう3歳になると、時間の感覚がわかってくるのか、「ママ、遅かったねー」と、たまに文句も出るようになってきた。土曜日も、特別6時まで預かってもらっていたが、広い保育園に園児は彩乃がたった一人、ぽつんと待っているという状況で、さすがに不憫ではあった（ごめんね、彩乃……）。

そんな中、旅行の荷物も、かろうじて出発前夜に詰め込むというのは当たり前。今回は、

13日間、時期は3月とインドは暑くなってくる季節なので、洋服の準備は楽だし、かさ張らないのが救いだ。

私がスーツケースに詰め込んでいると、いそいそと彩乃が近づいてきた。「ガラスの靴（お気に入りのピンクの靴。シンデレラのガラスの靴と信じている）入れた？　アンパンマンのサンダル入れた？　セーラームーンの水着入れた？」といちいちチェックを入れてくる。オシャレ心が芽生えてきた最近の彩乃はピンク大好きで、お花の付いた靴が必携。旅先でシンデレラの侍従長役を私は何度やらされるだろうか。そして、プールで遊ぶ楽しさを知り、今回もホテルのプールで泳ぐ（浮き輪で浮く）のを至上の楽しみにしているようである。

異文化を肌で感じてくれれば、それでいい

今回は、デリー、ベナレス、アグラ、ジャイプール、オーランガバード、エローラ、アジャンタ、ゴア、ムンバイと北から南へ大周遊。インドは広いのだ。パパも私も何度もインドへは行っているが、まだまだ見ていないところがいっぱいある。そして、何度行っても魅力が褪せないのがインドなのだ。

インドで象に乗ろうね、という私に、「また、インド行くのー？」と、初めてなのにネ

パールとすでに混同している様子。でも、そんなことはどうだっていい。外国には、日本では味わえない独特の空気があり、まったく顔つきも習慣も違う人々が暮らしている。そんなことのひとかけらでも、からだで感じ取ってくれれば、それが彩乃の感性の一部となるはずだ。世界にはいろんな人がいろんなことをして生きている、ということを知るだけでもいいと私は思う。その点、インドという国は異文化を肌で感じるのに最高の場所だ。

かつてはインド旅行というとバックパッカーが主流だったが、今は、あえてそんな旅を選ばなくともよくなった。私たちもかつてそういう旅をしていた時期もあったが、もうそんなに若くない。仕事柄、いいホテルも泊まり歩かなくてはならぬ。今回のプランは、特に、衛生面や食事に配慮した。

インドへ向けて10時間空の飛行

エア・インディアは成田からバンコク経由でデリーまで約10時間。あらかじめ座席を頼んでおいたら、ちゃんと一番前の2のABCが並びで取れていた。先頭部分のキャビンなので静かでいい。かといってビジネスクラスというわけでなく、エコノミークラスだ。もとファーストクラスだったキャビンをつぶしてエコノミーにしているのだ。

インドの航空会社だけあって機内食はスパイシーで、とりわけベジタリアンミール（菜

ベナレスの市場で野菜を売る美少年。ホーリーの祭りの最中なのでおでこに色粉を塗っていた。

食主義者用のメニュー）は美味である。子供用のメニューは予約しておけば辛くない物を用意してもらえる。

デリーには、夜到着。翌朝には、早くもベナレスへと向かった。

今回のガイドさんはハリバーンさん（通称ハリーさん）という髭づらのクマさんのように優しげなインド人である。28歳で、6歳と4歳の二人の小さな女の子がいるらしく、根っからの子供好きでよかったよかった。いきなり、ハリーちゃんハリーちゃん、と懐き、抱っこされている彩乃だった。明日のガンガ（ガンジス川）の沐浴見学に備えて、宿泊ホテル「クラークス・ベナレス・ホテル」でまずは、休憩タイムとなった。

1年に1度の聖なる祭りに出逢う

ベナレスの町はヒンズー教徒の聖地である。ガンガで沐浴し、ここで死んで灰をこの川に流してもらうことこそ、彼らにとって至上の喜びなのだ。そのガンガへ早朝の観光に出かけた。4時半起床。ガンガの朝陽を拝むためには早起きなのだ。ホテルの集まっているエリアから、ガートと呼ばれる沐浴場までは車で20分あまり。

折から、ベナレスは年に1度のホーリーのお祭りの真っ只中であった。色粉入りの水をかけあう祭りで、朝から昼過ぎまで人々は顔にドーランを塗りたくり、顔中銀色にしたり、赤黒い色にしたり、頭から色粉をかけられたりしてすさまじい形相だ。かなり盛り上がってエキサイトする上、午後にはお酒を飲んであちこちで喧嘩が始まるので、かなり危ないそうである。朝靄《もや》が立ち込めるガンガのほとりでは、大音響で音楽がかかり、沐浴する人が集まり、異様な幻想美に満ちている。石の階段を降りていくと、1隻の舟が待っていた。川岸の風景を眺めながら、ガンガを漂い夜明けを待つのだ。

舟に乗ろうとした時だ、バシャッ!! 何かが足元を直撃した。見ると、パパと私のジーンズのふくらはぎ辺りに鮮やかな紫色の色水がかけられている。スニーカーも半分染まってしまった。でも、聖なる祭りのこと、色粉がかけられたら幸運と思わなきゃいけない。彩乃はハリーさんが抱っこしてくれてて助かった。

ガンガの畔《ほとり》は、時代を遡ったように古い建物や、白い大理石の柱のあるアンティックな建物、その下の川の中でお経を唱えながらガンガに身を浸す人々。朝靄の中で見るそうした光景は、まさに不思議な世界としか言いようがない。

土産物を積み込んだボートが近付いてくる。真鍮の壺のような小さな容器に「ガンガの聖なる水」を入れて売っていたり、小さな水汲みセットのポンプのおもちゃも真鍮製。スタンプで額にビンディーが押せる、カラフルな色粉のビンディーセットも売っている。けっこう面白い土産物だ。

「ハッピィ・ホーリー・トゥー・ユー」

もう少し行くと、ハリーさんが真剣な面持ちで言う。「ここは写真はダメです。ガートで死体を焼いているのです」見ると、人々が取り囲む、ボウボウと火が燃え盛る大きな焚き火の中から、死体の手足がぶらんと垂れ下がっている。彩乃は気付いていないようだ。もう少し大きかったら、ショックを受けていただろう。多い時で、1日に500体もの死体が焼かれるのだとか。彩乃は、灯籠流しのように、ろうそくが流されるのをじっと見入っていたり、川岸にいるサルを見つけて喜んでいた。

厳粛なムードの中、小舟は日の出のハイライトシーンを迎える。オレンジがかった赤い

上／ガンジス川の夜明けはボートに乗って。下／真鍮製のおもちゃのポンプをボートで売りにきたお兄さんに興味津々の彩乃。

太陽は、川の上に驚くほど大きく、丸い顔を出した。辺りは、薄紫色の闇から、ほの赤く明るい朝のガンガの素顔を見せ始めた。

ハリーさんは舟の船頭とチップのことでもめて、帰り際、背中に色水をベチャッと掛けられてしまった。なるほど、こういう仕返しの手段があったとは。でも、色水をからだ中に浴びせられても、誰も文句は言わない。これがお祭り。みんなの挨拶はこうだ。

「ハッピィ・ホーリー・トゥー・ユー」

左右対称の美。人々を魅了する白亜のタージマハールは王妃の廟。

日本人の子供が珍しい

いつ見てもうっとり、感動的。白い総大理石造りのタージマハールは、やっぱり美の極致である。近くまで車で、そこからは馬車で行くことにしたので、大喜びで手綱を引かせてもらう彩乃。15分ほどでタージマハールの正門に着いた。入り口のところでは激しい物売り攻勢が押し寄せてきた。写真屋の押し売りも多い。20枚50US$で本格的記念撮影をしてくれるという商売もあった。断っても勝手にまとわり付いて来るしつこさは、インドならでは。無視していると、いつの間にか消えてしまう。こちらは久々のタージマハールと静かに再会しようと思っているのに、周りはそれを許さない。

でも、もうひとつ中の門をくぐり抜けると、そこからは誰にも邪魔されず壮麗な姿を堪能できたのだった。溜め息をついて見惚れている私たちを尻目に、彩乃はやはり関心なさそう。手前に広がる人工の池をプールと間違えて、「ママ泳ごう！」と服を脱ぎだす始末。

観光中はハリーさんがずっと抱っこしてくれて大助かりだった。帰りはラクダのタクシーに乗ってホテルまで。動物尽くしもインドならではの趣向だ。インドでも、観光地には田舎から来ているおのぼりさんが多く、日本人の子供が珍しいらしい。どこへ行っても一緒に写真を撮らせてくださいと言われる彩乃。ラクダに乗って、見世物状態であった。

象やラクダが平然と行き交うジャイプール

翌日は、アグラからジャイプールへ6時間あまりの長距離移動。当時、米大統領だったクリントンの来訪と重なってしまい、思いどおりに行動することができなかった。ジャイプールの見どころであるアンベール城がすでにクローズ。楽しみにしていた象のタクシーもお預け。がっかりして、象のタクシーを見ていると、5分だけ乗せてもらえることになった。象は額に美しい模様をペイントしてあり、豪華な衣装で着飾り、象使いもマハラジャの昔を思わせるいでたちでムード満点。5分間でも一応満足げな彩乃であった。
ジャイプールはラジャスタン地方の玄関口。砂漠への入り口らしくラクダ車が町中を行き来している。象も当たり前のように町を歩いている。ピンクシティの呼び名のとおり、町中はローズピンクの建物が立ち並び、かつてのマハラジャの栄光の時代をそのままに残している。とりわけマハラジャの宮殿をホテルに改装したのには人気があり、ジャイプールでは宮殿ホテルに滞在というのがポピュラーである。

本当だったらこの象のタクシーでアンベール城に行く予定だったのに……。

町を散策した後は、「ジャイマハール・パレス」という宮殿ホテルのレストランへランチを取りにいった。ちょうど私の誕生日なので、ランチパーティーをすることになっていた。ハリーさんはあらかじめ私のバースデーを知っていたようで、大きなバースデーケーキをアレンジしておいてくれたのだ。気の利くガイドさんである。デザートの時ホテルのスタッフが、ろうそくを灯したケーキを運んできてくれたので、まわりの欧米人ゲストたちもハッピィ・バースデーと声を掛けてくれたのだった。さて、ハッピィ・バースデーの歌……と彩乃を見ると、なんとバギーでお昼寝に入ってしまっている。仕方なく、ヒゲ男二人による（パパとハリーさん）ちょっと物悲しい合唱であった。トホホホ……。

圧巻のインド2大石窟へ

さて、今回の旅のハイライトのひとつ、エローラとアジャンタのインド2大石窟に向かった。拠点となるオーランガバードから日帰りで両方を回った。

紀元前2世紀から7世紀にかけて造られたアジャンタは、砂岩の巨大な一枚岩をくり貫かれた石窟寺院で、素晴らしい壁画が有名だ。

ここでは石の階段の上り下りが多いので、クッション付き椅子を竹の棒で4人の男たちが担ぎ上げる、「みこし」の有料サービスがある。すべての行程で400ルピー（約1000円）だ。彩乃と私が二人で乗ることにした。パパは横を歩き写真を撮る。1窟から24窟まで、要所要所で降りては観光を繰り返す。階段では、かなり傾斜があってスリル満点だ。上りは前向き、下りは後ろ向きにしてくれる。二人でキャーキャー騒いでいると、近くを歩いている見物客が皆ニコニコ見ている。写真を撮る人も続出だった。

上／エローラ遺跡は一枚岩を彫って造られた芸術的な建造物。気の遠くなるような歳月を要した。
左／ファミリーポートレート……ではなく、ヒゲ男はガイドのハリーちゃん。

アジャンタ遺跡での石窟巡りは、この「みこし」に乗ってラクラク。担ぎ手にとっては重労働なのだが……。

それにしても、暑い日中、男たち4人がかりといってもかなり大変そうだ。チップを弾んであげないと、と思っている矢先。もうすぐ降りるという頃を見計らったように、彼らのチップほのめかし攻勢が始まった。「ハードな仕事なんですよ。今は仕事も減って。家族を養うのも大変で……」などと、皆が口走り始める。「私はお金を持ってないから、ダンナに聞いてくれ」と言うと、「じゃあ、ダンナさんに頼んでくださいよ」と4人がしきりに言うので面白い。降りる時になると、声には出さず、私に合図を送り、皆の口が「チップ」と言っている。なぜか遠慮がちなのが、アジャンタ流だろうか⁉

エローラは巨大な花崗岩を150年もかけて、のみと槌だけでくり貫いて彫られた遺跡である。ヒンズー教、仏教、ジャイナ教の3つの宗教の石窟寺院で、そのスケールの大きさといい、精巧なレリーフといい、想像を絶する素晴らしさであった。遺跡にはまだ、興味は示さない彩乃だが、動物には関心があるようで、象や鹿の彫刻を見つけると、ゾーサン、シカサンと叫んでいた。

ガラスの棺に安置されたザビエルの遺体

最後の滞在地はゴア。バスコ・ダ・ガマやフランシスコ・ザビエルなどで知られる、もとポルトガル領だった、インドでは異色の地。今は廃墟と化しているオールドゴアには、世界遺産に指定されている大きくて美しい教会が並ぶ。中でも、ボン・ジェズ教会は異色中の異色だ。ザビエルの遺体が、ガラス張りの棺の中に収められ、外から見えるのである。ミイラでもないのに、永遠に腐ることがないという。右腕だけは、ローマの教会に安置されているとか。不思議な話だ。

ビンディーを探しにバザールへ

まず向かったのがバザール。野菜や魚を所狭しと並べている店を通り過ぎて、日用雑貨売り場へ。実は目的があるのだ。このインド旅行中に彩乃はビンディーがお気に入りとなった。額に貼るシール式のビンディーだ。インドでは女性がよくビンディーをしている。もともとは宗教上の「第3の目」として額に色粉で印をつけるのだが、今ではオシャレのためにに、宝石のようにキラキラ光るシール式が主流だ。バザールのアクセサリー屋さんに行くと、たくさんのきれいなビンディーが売られている。10コ入り1シートを5ルピー（約12円）で2枚買う。友達へのお土産にもちょうどいいので、あちこちで買っていたのだ。それを見ていたハリーさんが、他の店でもっと素敵なのを3シート買ってプレゼントしてくれた。彩乃は大喜びで、おでこに特別ぴかぴかのピンクのを1枚と指には、10本とも指輪のようにさまざまなビンディーを貼り付けて遊んでいた。

後日談になるが、彩乃が帰国後、保育園で一大ビンディーブームが起きて、男の子までビンディーを貼って通園していたというから笑った。

念願のプールでご満悦

ゴアは、もともと欧米人バックパッカーの聖地的存在のビーチであった。牛がウロウロしている浜辺で、ヒッピーたちがガンジャと呼ばれるマリファナを吸って暮らしていた。ヌーディストが多かったという。今では、そうした世界はなくなってしまい、高級で洗練されたリゾートホテルがあちこちにできている。ビーチを見に行くと、やはりヒッピーなどはいなくて、閑散としたムードの中に、我関せずとウロウロ歩き回る牛の姿は相変わらず健在であった。

今回はそうしたホテルのひとつ「リーラ・パレス」に2泊、のんびりしてから帰る予定

上／ゴアのバザールで売られていた神様の絵。左／「リーラ・パレス」のビーチでは、パレオになる色布を売りにきてくれる。

であった。ホテルはゴアの南端に位置する美しいビーチにあった。そして、やっとのこと、彩乃念願のプール遊びが、最後の最後に実現したのだ。

外は快晴、気温は34℃。ピンクのお姫様水着を着ると、勇んで出かけていく。彩乃でも背が届く子供プールも結構大きくて、キャーキャーごきげんである。次に大人のプールにも抱いて入り、プカプカ泳がせてから、ジャグジーへ。ジャグジーは段々になっていて、最初は背が届くが、前に進むと急に深い。知らずに深みに足を踏み出した彩乃は、ブクブク……3秒ほど水の中。私が慌てて出すと、鼻からダーッと鼻水や痰が出て、本人はびっくりするやらおかしいやらで、ケタケタ大笑いであった。

今回の旅行は、夜9時半就寝、朝6時起床という健康的な日々が続いた。旅をしながら、我々大人たちも日々の疲れを癒し、健康的に生まれ変わった、かもしれない。一時的に……。

子連れ旅行ワンポイント・アドバイス ⑨

カレー以外にもメニュー豊富

インドではカレーしかないので、子供の食べ物にも困るだろうと思う人がいるようだが、全くの思い違いだ。彩乃は一度もカレーを食べずに旅ができた。しかも朝食ビュッフェでは、パンが美味しいと驚くほど食べ、パパイヤ大盛りなど、普段以上の食欲を見せていた。昼はチキンとエッグサンドやポテトフライ、夜はビュッフェでローストチキンを食べたり、イタリアンレストランでペンネやミネストローネを食べたりと、何の問題もなかった。ホテルも清潔だし、病気ひとつせず、逆に風邪が治ってしまったほどである。ただ、食欲が旺盛の分、大をもよおすことも多くなり、移動中に車を止めてもらうこともあった。一度など、田舎道の道端でインド少年のようにウンチをしてしまった。気にしない、気にしない。

●ベストシーズン：乾季である11月から2月がベスト。デリーなど北部は冷え込むので、セーターなど暖かい服装が必要だ。
●利用航空会社：エア・インディアはいつもインド人ファミリーの子連れが多いので、子供向きメニューはバラエティに富んでいて、すべてノンスパイス。おもしろいのは、ベジタリアンの子供にはチキンバーガー（ビーフは食べない）などが要求に応じて用意される。
●ホテル：「Jaimar Palace（ジャイマハール・パレス）」★★★★★　ロマンチックなマハラジャの宮殿ホテル。庭も広いので、子供ものびのびできる。「THE LEERA PALACE（リーラ・パレス）」★★★★★　アーユルヴェーダの施設もある、インド屈指の高級リゾート。

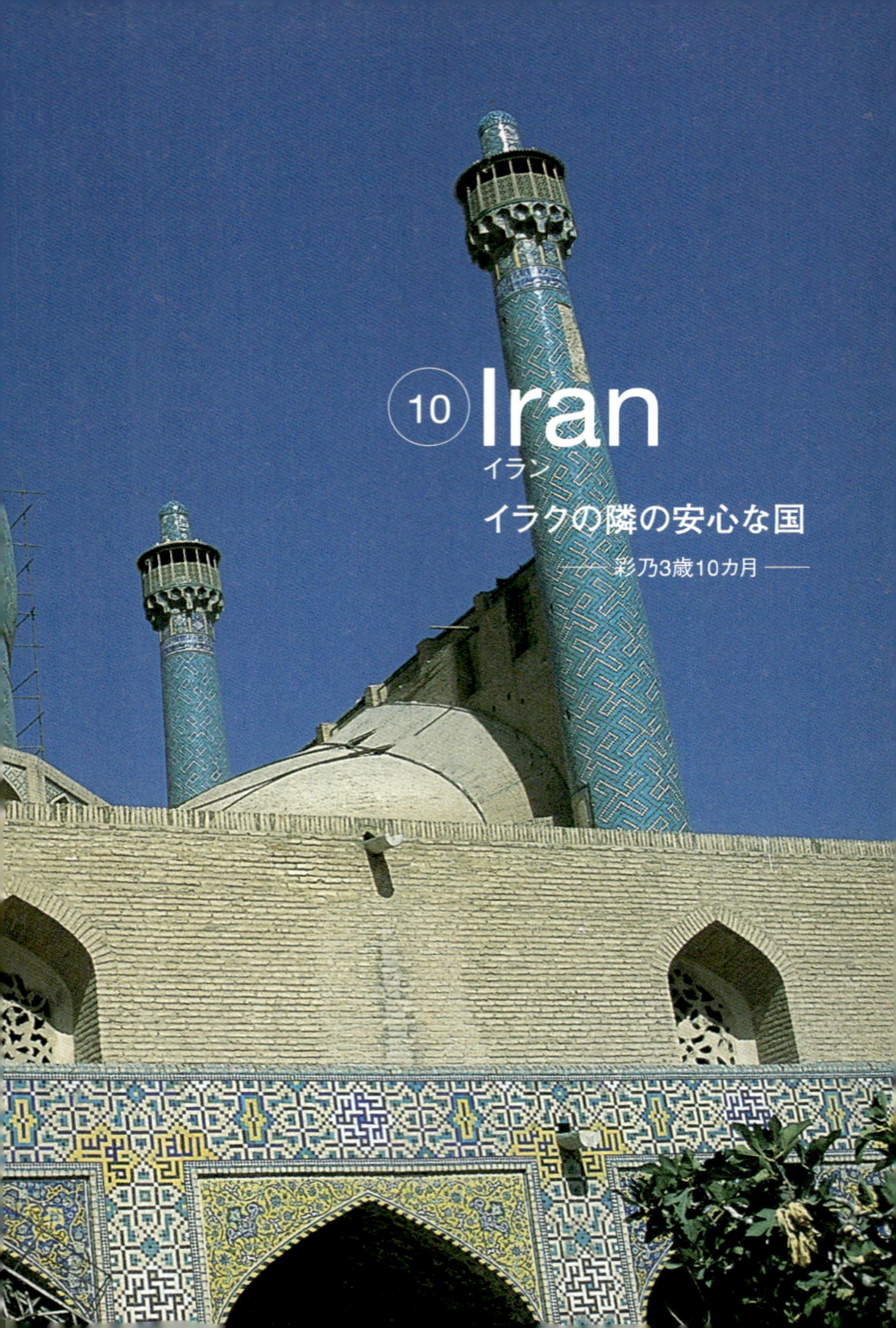

10 Iran

イラン

イラクの隣の安心な国

—— 彩乃3歳10カ月 ——

栄華を極めた古都イスファハンに遺るイスラム教寺院

Iran

ルート　イスタンブール（経由）テヘラン→シラーズ、ペルセポリス遺跡→イスファハン→帰路中東2国訪問

2000・9・23～2000・10・10　18日間の旅

オムツは外れたが、騒動は続く……

イランへ行くというと、子連れでそんな危ないとこへ？　と皆に言われた。イラク情勢が不安定のなか、イランもイラクも、同じような国だと思っている日本人が多いのだろう。2000年当時、イランは平和で、子連れで行くのにこんなに楽しい国はなかった。

2000年の3月にインドへ行って以来、長くて忙しい夏を乗り越え、私たちの旅の季節がやって来た。もうじき4歳の誕生日を迎える彩乃と、9月23日から17泊のイラン旅行であった。フライトは、曜日の関係でトルコ航空、羽田発、関空、イスタンブール経由で約18時間と、けっこう遠回りのルートを取った。

3歳半を過ぎて、もはやオムツも外れ、旅支度も断然楽になった。持参する食べ物もほとんど心配ないし、おもちゃも絵本も厳選して少しだけでOK。折り紙を少し持っていき、ピカチュウの塗り絵と色鉛筆があればいい。泊まるホテルに置いてあるレターヘッドやメモ用紙に、お絵描きして遊ぶようになったからだ。子供はなんでも遊びにできる能力があると聞いたことがあるが、本当にそうだ。おやつもプリッツなどのお気に入りがいくつかあれば十分。ヤクルトもリンゴジュースももはや卒業。前回まで数枚忍ばせていった紙オムツももう要らないと安心していた。ところが思わぬ事態が待っていたのだ。

それは羽田~関空間のJAL国内線の機内で起こった。飛行機が離陸する寸前、急にオシッコーと泣き出したのである。「トイレ行かせていいですか?」と客室乗務員に聞くと、「とんでもない!」との答え。オムツ持ってきますから、と持ってきてくれたのは、テープ式の赤ちゃん用。嫌がる彩乃を無理やり寝かせてパンツを脱がせオムツをあてるが、ぴちぴちで張り裂けそう。緊急事態だから仕方がない。さあ、やりなさい。というが、今度は出ないー。結局、シートベルトのサインが消えて、トイレに連れて行くと、オムツには何もせず、トイレでジャー。とんだオムツ騒動。同乗のみなさまには、ご迷惑をおかけいたしました……。

振り返ると、赤ん坊の時は夜行便の方が泣かれる心配があって大変だったが、今は夜行便の方がよく寝るので楽というわけだ。今回のように昼間の13時間というのはかえって長くて困る。昼寝が済めばあとはずっと起きているから相手をさせられる。でもトルコ航空は機内食が予想以上に充実していて、メインに出たサーモンのムニエルもいい味だったし、間食の高菜のおにぎりが格別。昼寝していてランチを抜かした彩乃は高菜おにぎりにかぶりつく。飛行機を降りる前にまたホットミールの軽食も出て、13時間のフライト中、満腹なのであった。

イラン女性に変身

イスタンブールに無事到着。テヘラン行きのゲートを探していくと、あったあった。女性が皆黒いチャドルやロングコートをはおり、スカーフで頭を隠しているので、すぐにわかった。欧米人観光客らしき女性の服装をチェック。機内に乗り込む前に頭にスカーフを巻き、長めのワンピースに着替えたりしている。そう、イランはイスラム教の国の中でも戒律が厳しく、訪れる観光客にも、女性には同じように服装の制限をしているのだ。私も以前パキスタンで買ったパンジャビドレスを用意してきたので、トイレで着替え、イラン女性に変身。長旅の疲れで皆、4時間のフライト中熟睡していたが、イラン人客室乗務員に機内食の時無理やり起こされ、シチューを食べさせられる。

非英語圏ではスルーガイドを

深夜2時過ぎに、テヘラン空港着。寝ぼけまなこで入国審査を受けると、待っていてくれたのは、現地旅行社の男性スタッフ・ガンバリさんであった。イランではペルシャ語が話され、英語はほとんど通じないので、スルーガイドさんが一緒なのは何かと心強い。

今回お願いしたガイドのガンバリさんは、長身でしゃきっとして、それでいて満面の笑みがとても優しげな人で日本語もペラペラだ。我々の重い荷物を片手に持ってくれ、彩乃をさっそく抱っこしてくれる。いきなりなつく彩乃。ガンバリさんは子供の扱いが上手そうで安堵した。

サービス満点で2000～3000円。驚きのイラン国内線

翌朝のフライトでさっそくペルセポリス遺跡の観光の拠点であるシラーズへ、国内線で約1時間半の飛行である。イランは石油産出国なので、飛行機代が驚くほど安く、国内線でシラーズまで約３０００円。イスファハンへは約２０００円である。でも機内食はチョコレートワッフルと木苺のジュースなどちゃんとサービスするとはエラい。

昼寝付き楽チンプラン

9月下旬とあって、日中は25℃から30℃と過ごしやすいが、朝から直射日光の強さはかなりのものだ。シラーズはそれほど多くの見所があるわけではない。有名なイラン人詩人の墓、ハーフェズ廟とサーディー廟を見学に行ったら、ランチを食べて、夕方まで昼寝タイムという、楽チンプランだ。子連れだと昼寝の時間を取ってやるのがベストである。特に暑い国ではシエスタ（昼寝）が体にいい。もちろん、私やパパもひと眠り。

お墓では庭の花畑で大きなアゲハ蝶を見つけて追いかけまわす彩乃。魚が泳ぐ水槽ではイランのリアル硬貨を投げ入れて表向きだと幸福になれるとガンバリさん。彩乃はラッキーにも表向きだった。

そして、ランチタイム。

*チキンのケバブ（串焼き）と手羽先焼き（香ばしくて美味）
*バターをのせたサフランライス
*フライドポテト
*主食のナン
*真っ赤に熟したトマト

ナンが好きな彩乃は、ご満悦。私もパパも美味しくてバクバク食べた。

もちろんアルコールは禁止の国なので、ビールすら飲めない。ノンアルコールビールは甘ったるくて飲めたものではないので、ジュースやコーラがポピュラーだ。コカ・コーラやペプシよりもイラン製のコーラが目立つ。ミネラルウォーターはどこでも美味しいし、チャイ（紅茶）がメインで、コーヒーは高級ホテルでもインスタントしかないのが面白い。

シラーズのホテルでも、部屋は異常に乾燥していた。これは大洗濯大会をやるしかない。私は今までに溜まった洗濯物をすべて洗い、部屋に干しまくる。これで少しは部屋の湿度が増す。でも、洗濯物はあっという間にカラカラに乾いてしまうのがすごい。

休憩後、夕刻、ライトアップされたシャー・チェラーグ廟を見学に行った。ここはシーア派の巡礼地として知られ、シラーズ最大の観光ポイントである。

卵形ドームのブルーの絵タイルがライトで輝き神秘的だ。ガンバリさんの用意してくれた真っ黒のチャドルを着て中に入る。ここでは女性は黒のチャドル姿でないと入れないのだ。内部は驚くばかりに豪華絢爛であった。総鏡張り、金や銀で飾られ、クリスタルのシャンデリアが天井で煌めいている。聖人セイイェド・ミール・アフマドの棺に信者たちが皆口づけしようと殺到している。彩乃はというと、皆の真似をして床に額をこすりつけた

ユネスコ世界遺産に登録されているイラン最大の見所の一つ、ペルセポリス遺跡にて。

り、天井のドームを眺めてはホーッと溜め息をついているのだった。

のんびり観光から戻るともう夕食タイム。「ホマーホテル」の屋外レストランにはやたら猫がいっぱいだった。また、ガーデンレストランは花が咲き乱れ、暑い夏の終わりを思わせる爽やかな風が心地よい空間であった。イランではポピュラーなサラダバーもバラエティ豊かで、メインはエビフライにグリルドチキン。豆や野菜がたくさん入ったスープとナンをたっぷり食べた彩乃は、エビのしっぽを猫にやり、後を追いかけて大はしゃぎである。デザートは、シーズンのメロン。みずみずしくて甘いので彩乃独り占めでたくさん食べていた。

イラン屈指のペルセポリス遺跡へ

旅の3日目、ペルセポリス遺跡に行った。この遺跡はヨルダンのペトラ遺跡やシリアのパルミラ遺跡と並び、中東の3P遺跡のひとつに数えられるイラン屈指の遺跡だ。現地ガイドのパリシアさんにも同行をお願いした。黒ずくめの服が似合う英語が堪能な女性だった。道中、イラン女性のことを彼女にいろいろ質問してみた。昔は16歳くらいで結婚していたが、最近では平均22〜23歳で結婚して、夫が許せば、外で働く女性が増えてきたという。イランも変わってきているのだ。

イスファハンのバザールは、サファヴィー朝時代に造られ、歴史も古い。迷宮の世界へ紛れ込む。

さて、ペルセポリスに戻ろう。3Pの中でもペルセポリスは最も古く、歴史は2500年も前に遡る。現在は柱の根元しか残っていないが、歴代4代の王の墓は壮観だった。切り立った岩壁に石窟のように掘られた4つの墓はユニークで、背後に荒々しい岩山が聳え、ハゲタカが舞い飛んでいるのが印象的であった。

どこへ行っても、彩乃の興味の対象は動物に蝶々。そして遺跡の石段でジャンプ。ガンバリさんとパリシアさんに手をつないでもらって、石段を3段飛びして楽しむ。ガンバリさんは親指がスポッとはずれる手品を彩乃にしてくれ、それを覚えて喜んで真似するのだった。この手品は帰国後も、ことあるごとに友達に披露していたものだった。

シラーズのバザールは観光客向けとは無縁の素朴な市場であった。ムード満点のバザールをそぞろ歩き。絨毯はやはり本場のペルシャ絨毯屋がずらりと軒を並べ、アクセサリー屋に布地屋、置物屋と一日中いても飽きないほど。本格的な黒い房付きのスカーフを2万リアル（約2US$）で買って、さっそく頭に巻きつける。彩乃にも可愛い果物柄の赤いスカーフを買って頭に巻くと、可愛い可愛いと皆が絶賛してくれた。ホッペを触られるのは当たり前、見知らぬ人でもオーと言いながらキスしていくし、ピンクのバラをもらったり、ワッフルを3箱も袋ごとあげようというおばさんまで出てくる始末。まるで人気タレント並みだ。そして、パリシアさんは、別れ際に私と彩乃のホッペにイラン式に左右左と3回キスをしてくれた。

気分はイスファハンの「妃」

古都イスファハンはイランで最高にして見逃せない町である。

1597年、アッバース帝がこの地を首都とし、サファヴィー朝を建てた。エマーム広場を中心に創り上げた都市計画は、イスファハンを世界の半分にと400年も前に、アッバース帝が何十年もかけた理想の広場。そのスケールは壮大だ。芝生の広場を取り囲む回廊式の2階建ての建物が続く。広場では馬車が観光客を待っている。彩乃は馬車に乗るのをずっと楽しみにしていて、寺院や宮殿内の観光中も、「早く馬車に乗ろうよ」と言い続けていた。青色のドーム屋根が美しい装飾タイルが太陽の光をはねのけるように白く輝いている。かつて王様は400人もの妃を持ち、ここにハーレムを作っていたらしい。色が抜けるように白いアルメニア人が多くいたそうだ。

広場正面のエイヴァーンというドーム型のエントランスは、美の結晶と言いたくなるほどに精巧で、天井の鍾乳石飾りはハチの巣のように細かい絵タイルで仕上がっている。溜め息が出るすばらしさ。内部では、二重構造のドームのため、中央部に立って声を出すと、ボワワーンと反響して、こだまが返ってくるのが面白い。彩乃も大好きなアンパンマンとか叫びまくって大喜びだった。

約束どおり、馬車で広場を一周した。石畳に響く蹄の音、遥か昔のアッバース帝に思いを馳せて風を切る。アルメニア人の妃になったつもりで。うーん、色の黒い私には無理がある。彩乃はというと、すっかりお姫様モードに浸り、口は半開きでニコニコであった。

イスファハンにはザーヤンデ川に掛かるいくつかの橋のたもとに、チャイハネがある。チャイを飲んで水パイプをプカプカ、ボコボコと吸う人々の社交場、それが喫茶店のチャイハネである。私たちは二重橋になっている美しいスィー・オ・セ橋のたもとにあるチャ

上／キャラバンサライを改装したイスファハンのホテル「アッバーシー」は青いドーム屋根が中庭の借景になっている。噴水のあるこの大きな中庭が夏場のチャイハネになる。右／礼拝の呼びかけに使われる巨大なミナーレがエマーム広場にそびえ立つ。

イハネに行った。ペルシャ絨毯がたくさん敷かれた店内。出窓の部分に座り川を眺めつつチャイを飲む。茶菓子代わりに水あめを固めてせんべい状にしたものが出てくる。恐る恐る水パイプをボコボコ吸ってみる。煙臭さもなく、甘い香りがした。ガンバリさんがボコボコすーっと白い煙を吐き出していると、彩乃が「もっと、もっとー！」とリクエストするものだから、何度も吸ってフラフラになってしまうガンバリさんであった。

また、余談になるが、数字の33は、イスラム教にとってとても神聖で深い意味のある数字だとか。このスィー・オ・セ橋はペルシャ語で33という意味で、さらにアーチが33ある。また、祈りの時の数珠なども33個の玉でできているのだそうだ。

スィー・オ・セ橋のたもとのチャイハネで憩い、川を眺める出窓席でチャイをいただく。

「さよなら」と、1枚の似顔絵

出発の朝、部屋にベルボーイさんを呼んで待っていた。入ってきたベルボーイさんが私を見て、「あ、すみません」と、見てはいけないものを見た風にドアのところに戻って待機している。よく考えると、部屋にいるので私はスカーフをはずしていたのだ。イランでは髪を隠していないと裸を見てしまったように反応されてしまう。スカーフをして「どうぞ!」と呼ぶと、ホッとしたように入ってきてくれた。

大好きになったガンバリさんともお別れだ。ガンバリさんは空港での別れ際に、涙ぐみながら「一生忘れないからね」と彩乃を抱きしめてくれた。彩乃は自分のノートを1枚破いて、お別れのお手紙としてガンバリさんにプレゼントした。その手紙にはガンバリさんの似顔絵が描いてあった。

それから2年後の2002年、ファイブスタークラブの社員旅行はイランであった。そして、テヘランで私たちを待ち受けてくれたのが、またもやガンバリさん。サーモンピンクのグラジオラスの大きな花束を彩乃に渡してくれて、抱き上げて再会のキス。今は結婚して可愛い赤ちゃんが生まれたところだと言う。そして、おもむろに上着の内ポケットから財布を取り出し、そこに入っていた紙切れを大切そうに出して見せてくれた。それは彩乃が手紙と言って渡したガンバリさんの似顔絵であった。

子連れ旅行ワンポイント・アドバイス ⑩

スルーガイドが子連れに不可欠の国

イランをお隣のイラクと勘違いしている人が多いのだが、イランは安全で治安もいい国である。石油が採れるので、国内線の飛行機代も破格！（2000～3000円程度）。そのため一緒に飛行機に乗って国内を回ってくれるスルーガイドも割安で頼める（日本語ガイドの手配可能）。イランは英語がほとんど通じず、自分たちで歩き回るのはかなり困難なので、ガイドの存在価値もそれだけ高いというわけだ。食事面でもほとんど苦労はない。世界の辺境の国、どこへ行っても食べられるのが、ローストチキンとフライドポテト。ここには美味しいナンもあるので子供も安心。むしろ酒好きの大人が苦労する!?

●服装：女性は旅行者といえどもスカーフをして髪を隠すことと、体が隠れ、かつ体の線が出ない服装を心掛ける。ただし子供は不要。男性に制限がない、というのも男性主導のイスラムの国ならでは。

●旅行シーズン：10～11月頃、または4～6月頃がベター。真夏は猛暑で、南部などは50℃近くなるところもあり、逆に冬場はかなり冷え込むところも。

●利用航空会社：欧米系航空会社はディスカウント航空券に子供割引きはないが、トルコ航空には子供割引き運賃が存在する。子連れ旅には大きな味方だ。ちなみにテヘランへの経由便のあるイラン航空なら所要約13時間。子供料金や学割もある。

●ホテル：「HOMA HOTEL（ホマーホテル）」★★★★★　美しい花々が咲き誇る広大な庭で子供も存分に遊べる。食事のメニューはバラエティに富んでいる。

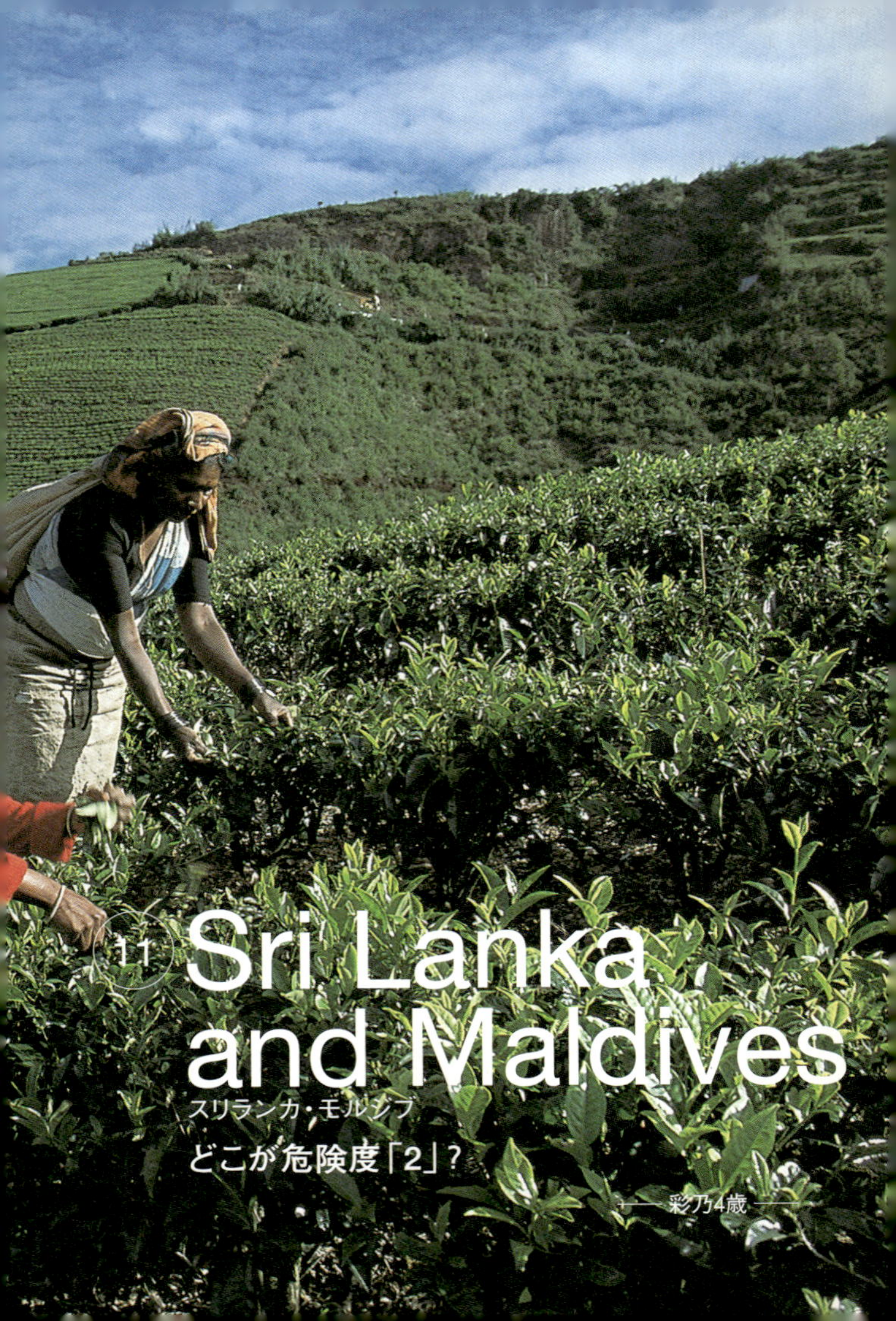
11
Sri Lanka
and Maldives
スリランカ・モルジブ
どこが危険度「2」？
彩乃4歳

ヌワラエリヤの茶摘み風景

Sri Lanka

ルート　コロンボ（ネゴンボ）→ミヒンターレ、アヌラダプーラ→ポロンナルワ→キャンディー→ヌワラエリア→モルジブ

2000・11・23〜2000・12・2　10日間の旅

あの美しい海で泳がせてあげたい、でもその前に……

ネパール、インドと来れば、次はスリランカ、そして、モルジブ。申し合わせたわけではないが、その年の秋の旅行は、南アジアを順番に巡ることとなった。

実は、若い時からダイバーである私は、大の海好き。バリバリに潜っていた当時は、モルジブの海にも魅せられ、よく通った。そして、水中でサメの群れやマンタの群れなど見ては興奮していたものだ。ああ、懐かしい。彩乃が生まれてからは全然、潜らなくなった。今回、モルジブの海では、一度は彩乃を泳がせてやりたい。遠浅のエメラルド・グリーンの海、さらさらの白砂ビーチ。貝殻拾いも楽しいことだろう。なにしろ、夏休みがない我々旅行業者にとって、潮干狩りやキャンプなど、夢のまた夢。彩乃を連れてそういう家族らしい日帰り旅行など未だかつてしたことがないファミリーである。モルジブの海をバックに、彩乃お気に入りのピンクの水着でも着せて写真を撮る。母ならば、そんなことも願おうというものだ。

そこで、モルジブはかねがね、パパにお願いしていた旅先。今年それが叶ったのはとっても嬉しかったが、当然のことながら、旅には仕事が絡むもの。

「最近、スリランカ行ってないなあ。スリランカに寄ってからモルジブ行こか」1週間のモルジブ滞在があえなく3泊となってしまった。「3泊あったら十分。彩乃も退屈するやろ」というわけである。

とはいえ、当時スリランカは外務省の出していた危険度が「2」、すなわち「観光旅行延期勧告」が発令されていた時期である。危険度「2」といっても、とりわけ危ないわけではないとわかってはいても、子連れなのでちょっぴり心配。パパに訊くと、「観光と違う。仕事やから延期する必要はない」ときた。スリランカにも何度か行ったことがあるので、状況はよくわかっている。いずれ近いうちに危険度が下がって、ツアーも組めるようになったら、きっとまたブームになるはずだ、というのがパパの目論見だった。だから、今のうちに下見して企画の準備をしておかなくてはいけないと思ったわけだ。

旅のテーマは、遺跡と紅茶とアーユルヴェーダ、そしておまけの海。彩乃が4歳になったばかりの秋であった。

子連れに快適、「スリランカ航空」空の旅

スリランカ航空のフライトは、一昔前に比べると随分快適になっていた。以前は、紅茶が美味しいというくらいしか利点はなかったような気がするが、エアバスで、しかもエコノミークラスでもパーソナルTV付きだし、足乗せまでついているので、10時間半のフライトも楽だった。子供チャンネルがあって、彩乃も漫画や子供向き映画を見てご機嫌。チャイルドミールも、1回目がハンバーガー、2回目はコーンクリームコロッケに海老のフリッター、チキンの串焼きの盛り合わせ。でも、彩乃は私のメニューの中のチキンの中華風の方が気に入って、交換したのであった。

夜8時、無事コロンボ着。夜なのに外は28℃という。日本は寒い季節なので、この暑さが嬉しい。

ヨーロッパ人に大盛況

初日の夜に宿泊した空港から近いネゴンボのビーチ「ブルーオーシャニック・ホテル」

上／ポロンナルワ遺跡群最大の傑作カル・ヴィハーラの三石像。2003年の社員旅行で再訪すると、屋根が付けられていた。下／高さ55m、直径55m、12世紀に建てられたポロンナルワ最大の仏塔、ランコトゥ・ヴィハーラ。

は、ヨーロッパ人でごった返していた。パパの言ったとおり、ヨーロッパでは何の規制もなく、スリランカへのツアーを出しているようだ。翌朝、朝食を取ったレストランでは、朝6時過ぎだというのに、もうマネージャーがいて、満面の笑みを浮かべて挨拶している。朝早くから、ヨーロッパ人がたくさんやってきているのも、すごい。想像を遥かに超える盛況ぶりだ。どこが危険度「2」なんだろう。

スリランカの気候は海岸部と内陸部でかなり違うのが特徴だ。ビーチ沿いは11月下旬は乾季のベストシーズンを迎えているが、内陸部は雨季に入っている。翌日、さっそく訪れたミヒンターレは土砂降り、アヌラダプーラは雨模様。白い仏舎利のあるミヒンターレはゆっくり見るどころではなかった。久しぶりに訪れたアヌラダプーラでは象の灰色の像がずらりと並ぶ巨大な仏舎利に大きな塔が迫力あるものの、青空がないのでいい写真は望めない。しかたなく、ホテルへチェックイン。

リスがいる国だから「リスランカ」

「ディア・パーク・ホテル」は、世界遺産の遺跡がたくさんあるポロンナルワから30分ぐらい郊外にある。緑豊かな自然美に溢れたホテルで、敷地には猿とリスがたくさんいた。緑の森を見渡せるムード満点のレストランでは、朝食の時、可愛いリスがいっぱい遊びに来てくれる。パンを手渡してやると、上手に手で受け取って口にくわえてチョコチョコ走り去り、木の上で両手でかじるのが愛らしい。彩乃はこれがめちゃくちゃ気に入ったようで、「リスが可愛い、リスが可愛い」と旅行中ずっと言っていたほどだ。

翌朝は昨日の天気を取り戻すかのような快晴で、喜び勇んでポロンナルワへと向かう。青空の下、仏塔に遺跡群はどれも絵になる。とりわけ、印象的なカル・ヴィハーラという3体の石像。大きい涅槃像が有名である。瑞々しい背景の木々の緑も美しい。スリランカの仏教遺跡のすばらしさを再発見した気分だ。さらに、キャンディーへ向かって田舎道を延々と走る。緑豊かな島国を実感させられる風景が続く。車の中では、しりとりに、歌の合唱、おしゃべりなどしながら、ゆったりと車窓風景を満喫していた。

パパは、普段、日本では彩乃とすれ違ってばかりなので、旅先では結構いろいろ相手をしてやることが多くなった。決して教育パパなどではないが、せっかく海外旅行に来ているので、国のお勉強など考え始めたようだった。

「いろいろな国に旅行してるから、そろそろ国の名前でも覚えんとな」と、彩乃に国の名前を覚えさせようとしていた。「ここはなんていう国?」と聞くと、彩乃はてんで覚えてなくて「きょうと」などと言い出す始末。これではいかん、と思ったのだろう。

「この国はスリランカ。リスがいるからスリランカ」パパが言う。すると、それ以来、彩

王の権力の象徴として昔からとても大切にされてきた仏歯を祀る寺「仏歯寺」。キャンディー湖畔に悠然とたたずむ。2階に祀られた仏歯の部屋は、霊験あらたかで神聖な空気が流れ、とても感動した。

乃は「リ、ス、ラ、ン、カ、リ、ス、ラ、ン、カ」と覚えてしまった。

スリランカの「ビンディー」は高かった

仏歯寺は、文字通り仏様の歯を祀った寺である。古都キャンディーの中でも、最も有名かつ、見逃せないところだ。美しい人工湖のほとりに仏歯寺はある。スリランカの人々にとって、最も聖なる場所と言われる。'98年、敵対するタミール人に爆破されたのもそのためだ。でも、大部分は無事でよかった。かなり塗り替えられ、きれいに変貌し、金色の屋根と白い外観に背景の緑がしたたるように美しかった。

キャンディーのバザールへも行ってみた。インドで買ったビンディー（第三の目を意味するおでこの印）のシールが、保育園で人気があったので、また「ビンディーごっこ」をするためのお土産に、と探しに行ったのだ。ビンディーはタミール（インド人）のもので、シンハリ（スリランカ人）はほとんどしないらしく、インドのように種類も数もない上に高い。我々ファミリーのために、バザールにいた大の男たち5人が必死の形相で付いてきて客引きを始める始末。結局、値切ったわりに、全部で500ルピー（900円）も払った。やはり「かなり儲かる客」なんだ、私たち。

アーユルヴェーダで束の間のリラックス

次の宿泊ホテル「ツリー・オブ・ライフ」はまさに大自然の真っ只中。とにかく、緑々々……、さまざまな緑の織り成す自然美にどっぷりと浸りつつ、いい空気を吸って生き返る気分。広い敷地内ではリスが遊び、鳥がさえずり、馬も放し飼いで、時々コテージの玄関まで遊びに来たりする。レストランからの眺めは、遥か彼方の山並みまで見渡せて、心身ともに癒される気がする。でも自然がたっぷりすぎて、バスルームに大きな蛾が飛んでいたり、アリが浮いていたり、小さなゲジゲジが這っていたりしたのには、彩乃は大騒ぎだったが。

ここでは、アーユルヴェーダに挑戦した。オイル・ボディマッサージ、フェイス&ヘッドマッサージ、それからハーバルバスかスティームバスをチョイスするコースで25USドル。私がアーユルヴェーダを受けている間、パパが彩乃を散歩に連れ出して遊んでいてくれる予定。こんなことができるのも彩乃が大きくなってきたからだ。少し前までだったら、旅行中ママと離れ離れになるなどあり得なかったもの。

まずは、全身のマッサージ。ハーブを混ぜてあるオイルは、べっとり茶色で、香りはごま油そのものだ。いかにもからだに良さそう。頭皮と髪の毛のマッサージは、黒砂糖のような甘い香りのするごま油を使う。頭のマッサージがこれほど気持ちいいとは。もう、うっとり天にも昇る心地よさ。最後は、かまぼこのような木の箱の中に入って、顔だけ出すスチームバスへ、……と思いきや、外で彩乃の泣き声が。どうやら、待ちきれなくなった彩乃がすぐ隣りの部屋まで来て騒ぎ出したようだ。仕方なく頼むと、「どうぞ、どうぞ！」と彩乃を中へ入れさせてくれた。そして、バスタブにハーブの葉っぱをたくさん入れた薬草の香りたっぷりのお風呂に、彩乃も一緒に入れと言ってくれた。普通なら、こういうエステでは子供はダメと厳しく言われるものだが、さすがはスリランカ。何でもありの臨機応変の優しい対応に、嬉しくなった。彩乃は大喜びでハーブの葉っぱを頭に乗せたり、顔に貼り付けたりして遊んでいた。

後で、シャワーでベタベタのオイルを落とすと、髪の毛は驚くほどツヤツヤになっていた。きっと、このヘッドマッサージを定期的にやるだけで、輝くほど美しい髪になるのだろう。極上のリラックスタイムだった。

紅茶・オレンジペコの「ペコ」は葉の大きさだった

「オレンジペコ」という紅茶を、それまで私はオレンジの味のする紅茶かと思い込んでいた。今回、セイロンティーの本場、ヌワラエリアの紅茶工場を見学して、それが全くの見当はずれだと知った。

上／キャンディー郊外の「ツリー・オブ・ライフ」はこんな自然の中にある。下／「ツリー・オブ・ライフ」のアーユルヴェーダ・センターに飾られているハーブの数々。トリートメントに使われる。

上／ヌワラエリアの紅茶工場にて。紅茶畑を見渡しながら香り高い本場のセイロンティーを楽しめるティールームも。
下／紅茶工場では産地直売で各地セイロンティーが安価で買える。スリランカのお土産ベスト１！

オレンジペコ、ペコ、BOP、BOPF、DUST。これは紅茶の葉っぱの大きさが大きい順で、値段も高い順となる。普通にお土産で買うのはBOP（ブロークン・オレンジ・ペコ）くらいのレベルで十分。スリランカの一般家庭で飲まれるのは、これより細かいBOPFで、DUST（くず）と呼ばれるのは、肥料に回されたり、ティーバッグにしてロシアに輸出されたりするそうだ。紅茶販売店の奥に、茶畑を眺めながら紅茶を賞味できるティールームがあった。テラスにはパラソルの付いたテーブルも置かれエレガント。たっぷりのミルクとお砂糖を入れて飲むチャイは、やはり香り高く美味しい。日本では紅茶を飲まないはずの彩乃も美味しそうにお代わりするほどだ。

ヌワラエリアでの宿、郊外の「ゴールウェイ・フォーレスト・ホテル」は、避暑地の別荘風ホテルだった。とりわけインテリアがイギリスの田舎のINNのようで、カーテンやベッドカバーなどのリネン類が可愛いもので、女性好みのホテルだった。長い九十九折《つづら》りの山道を抜けて、やっと到着したときに出された紅茶のサービスが、旅の疲れをホッと癒してくれるものだった。紅茶の本場ならではの自然なもてなしだ。

高級リゾートに生まれ変わった漁民の島

コロンボからモルジブへは1時間半のフライトだ。空港だけのフルレ島に着くと、ホテルのスピードボートが出迎えてくれた。今回滞在するクダフラ島のリゾート「フォーシーズンズ・クダフラ」まで、わずか20分。フルレの桟橋を後にして、あっという間に沖合へ。水しぶきを上げてジェットコースターのように海面を飛んでいくボートのそばを、飛び魚の群れが跳ねていた。今やビルが立ち並んでいる首都マーレの島を遠目に見て、変貌振りに驚く。イスラム教の国らしく、モスクからアザーン（祈り）の声が大音響のスピーカーで流れている。

クダフラは、かつての漁民の島だった。昔、アイランドホッピングで来て、バーベキューランチを食べた島だ。それが、「フォーシーズンズ」のリゾートに生まれ変わったのである。宿泊したビーチヴィラは、緑に覆われたプライベートプール付き。起き抜けにサヽーッと泳いで目を覚ますのが大好きな私と彩乃。好きなときにひと泳ぎできるのが魅力だ。バスタブとセミオープンシャワーもあって、ゆったりしたヴィラはとても快適だ。両方で水を出すと、水の出が悪くなったりと、水回りには限界はあるものの、その昔、塩水シャワーしか出なかった当時を思い出すと、画期的な進歩である。

食事もそうだ。インド風創作料理のレストランをはじめ、地中海料理にコーヒーショップと選り取り見取り。全て宿泊代にインクルードなので、つい毎食しっかり食べてしまう。さすがは「フォーシーズンズ」と納得できるほど、何を食べてもおいしく、ここが、昔はマグロ料理しか出なかったモルジブかと不思議になるほどだった。ビュッフェディナーには、スパイシーなカレーも出るが大半は子供もOKのコンチネンタル料理だった。

貝殻拾いに目覚めたリゾートライフ

3時間のボートチャーターでアイランドホッピングに出かけた。30分くらい走り、イフル島へ。ハウスリーフが美しい小さな島で、昔からモルジブのポスターには必ず撮られていた島だ。ドロップ・オフで、海が急に深くなるから、ビーチから入ってスノーケリングでもカラフルな熱帯魚の群れが見られる。私がスノーケリングをしているところに、桟橋から彩乃とパパがパンを投げる。すると、たくさんの魚が集まってくるので、大はしゃぎの彩乃。でも、一緒に海に入ると、浅瀬でも怖がって私に抱きつきっぱなしなのだった。

貝殻拾いの楽しみに目覚めたのは、イフルから5分くらいのところにある「バロス・ホリデイ・リゾート」のビーチだった。ビーチの砂には貝殻やサンゴのかけらが混ざって、逆にさらさらではなかったが、彩乃にとっては宝の山。拾い始めたらキリがないほど、延々と拾いつづけている。次に行ったクダバンドスでも、私がスノーケリングを楽しんでいる間中、パパに連れられビーチを散歩。私のパレオに一抱えあるくらい、貝殻を拾って、ホテルに持って帰り、ヴィラの外の水道できれいに洗って、貝殻コレクションとして干し

上／私がスノーケリングをしているところに魚が集まってきて、彩乃は大喜びだった。下／「フォーシーズンズ・クダフラ」のビーチ。他のゲストになるべく会わずにいられるようなゆったりとした間隔でビーチパラソルが。

ておいた。お子様プールでもひとしきり遊んでから、ランチを食べて部屋に戻り、シャワーを浴びてお昼寝タイム。貝殻拾いで背中が日焼けしている。寝ている彩乃の顔が赤いので、おでこに手を当ててみると熱い。熱を計るとなんと37度8分！　びっくりして熱冷ましをのませ、またコンコンと5時近くまで寝つづけた彩乃。汗だくになっている。そして、起きるとケロリと熱も下がり、元気いっぱいに戻ったのである。それからは熱も上がらず順調であった。いったい何だったのか。子供は太陽の熱を一時的に吸収するのだろうか？

夢のような、よく遊びよく食べたリゾートライフは幕を閉じ、空港ではしゃいでいた彩乃が、突然「腕が痛い」と泣きだした。ふとした拍子に左肘を脱臼したのだ。「いたい！いたい！」と大騒ぎ。とりあえず空港のドクターが処方してくれた塗り薬と痛み止めシロップでしのいで機上。乗り込んだ途端、疲れてコトンと寝てしまった。そして、数時間後、起きた彩乃は、言った。「あれ？　ひじ、いたくない」ふとした拍子に、脱臼は治っていたのだ。大騒ぎしたのは何だったのか。

それ以来、パパは、彩乃の腕を引っ張ったりするのをとりわけ用心するようになった。「そんなことしたら、腕が抜ける！」が口癖だ。それは、大きくなった今でも続いている。

子連れ旅行ワンポイント・アドバイス ⑪

子供も大人も大満足の国

2000年の渡航時には外務省の危険度が「２」だったスリランカだが、パパの予言どおり、現在は危険度も下がり、一大旅行ブーム到来。年末はホテルが超満室状態という盛況ぶりだ。世界遺産の遺跡あり、香り高い紅茶あり、アーユルヴェーダエステあり、自然と動物あり。大人も子供も満足できる旅先といえるだろう。また、スリランカで最大の見所のひとつシギリアロックは、岩山の上まで行くのにハードな石段を1000段以上も登るので、この時は断念。2003年の我が社の社員旅行では７歳間近の彩乃は、ヘルパーさんに手を引いてもらって、元気に登頂を達成した。日本語スルーガイドも頼めるので安心して旅行できる。

●旅行シーズン：内陸部は雨季である日本の冬場が、逆に西海岸のリゾートではベストシーズン。内陸の遺跡中心の旅なら、日本の夏に行くのがベスト。モルジブは11月から３月が最も海が美しい。
●スリランカ航空：ディスカウント航空券にも子供料金が存在するので、子連れにも優しい航空会社だ。
●ホテル：「DEER PARK（ディアパーク）」★★★★　リスに餌付けできる居心地のいいホテル。子供も大喜び。スパが充実した「アンサナ・リゾート&スパ」のチェーンとして近く生まれ変わる予定。「TREE OF LIFE（ツリー・オブ・ライフ）」★★★★　大自然に囲まれ、リスや鳥に子供は大喜び。また、本格的アーユルヴェーダ・センターもあるので、子供がある程度大きければ、夫に任せてひと時を楽しむのもいい。日頃のストレスを一気に解消できる。

⑫ Jordan, U.A.E.,Oman andBahrain

中東4国周遊（ヨルダン、U.A.E.、オマーン、バーレーン）

「9.11テロ」直後の中東へ

―― 彩乃4歳11カ月 ――

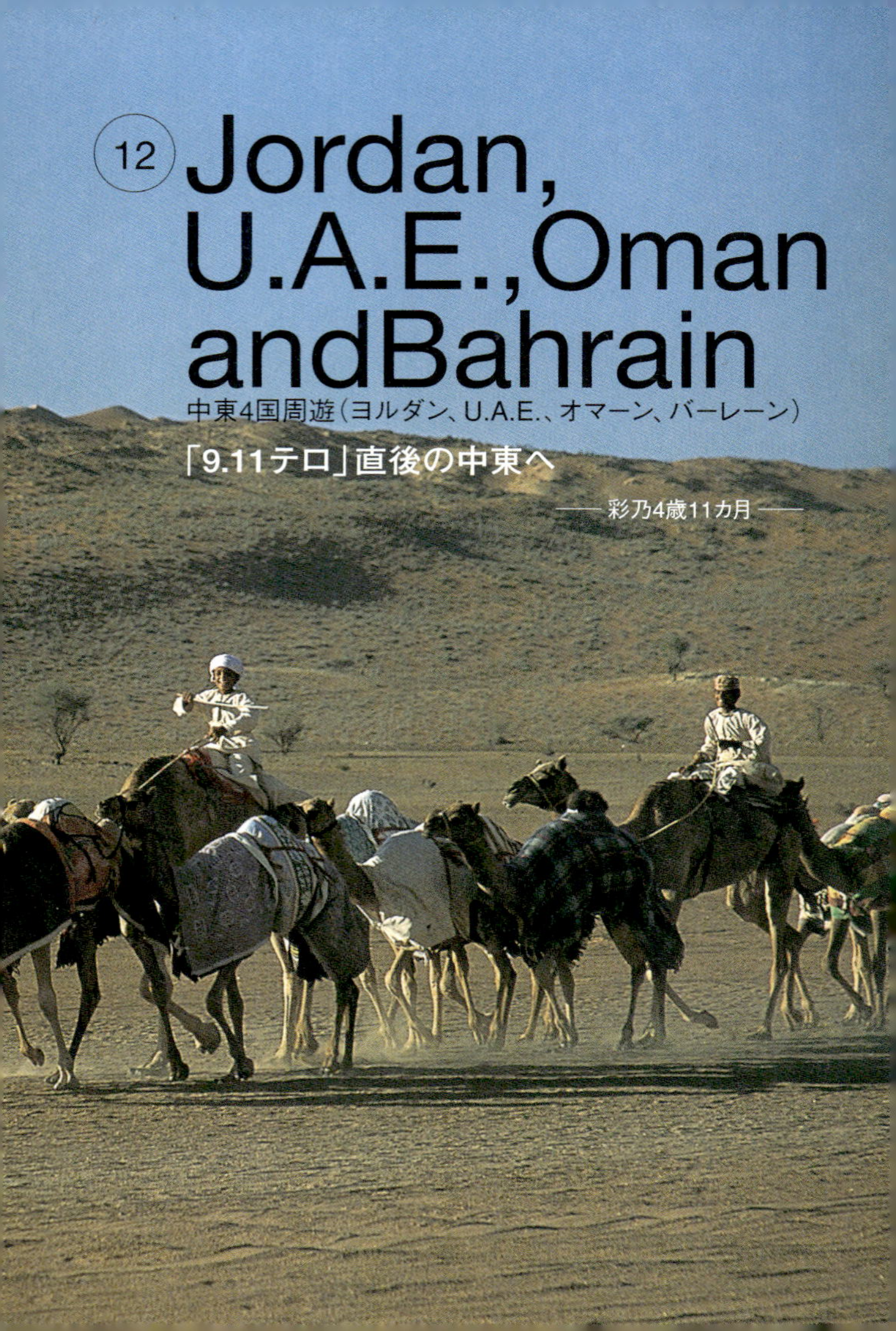

オマーン最大の砂漠、ワヒバ砂漠

Jordan U.A.E. Oman Bahrain

ルート　シンガポール、ドバイ(経由)アンマン→ペトラ遺跡→ワディラム→バーレーン→マスカット→ワヒバ砂漠→ドバイ

2001・10・23〜2001・11・7　16日間の旅

危険度「2」の国へ再び

２００１年9月11日。この日起こった出来事を誰もが忘れることはないだろう。テロ以来、世の中のさまざまなことが大きく変わった。その後のアフガニスタン攻撃、更なる復讐、まさに「文明の衝突」のごとく、今なお続く復讐の連鎖はそう簡単に収まりそうにもない……。この戦いで命を失った人々や遺族のことを思うと、私たちの災難など言うに値しないだろう。でも、旅行会社もかなりの痛手を受けていることは事実。中東方面の旅行者は激減、飛行機さえ怖がる人々が多くなったのだ。

その年は10月23日から16日間の中東4カ国の旅の予定が入っていた。テロから1カ月半

が過ぎて会社も落ち着いたものの、この情勢では行くのは厳しいかなあ？ とパパに聞くと、アラブの国は大丈夫。逆に安全なくらいや！ と自信たっぷり。今がこういう情勢で行く人は少なくても、情勢が安定すれば中東は人気がでる。だから、その準備のために最新の現地情報を知る必要がある。これがいつものことながらパパの論理であった。中東の国々のツアー企画も一手に手掛けるその職業意識はテロなどものともしていなかった。

そうして、もうひとつ。彩乃はもちろん、私も楽しみにしていた「クマ子の里帰り」。彩乃の大好きな妹であるクマ子の故郷、オマーンという国を彩乃に見せてやりたかったのである。そして、私は密かに、クマ子と同じぬいぐるみを売っていたら、新しいのも買おうかと目論んでいた。何しろ、クマ子はすでに綿が減り、ヨレヨレで哀れな状態だから……。かくして、周囲の心配をよそに、我が家の中東行きは決行された。

一路、ヨルダンへ

旅の最初はヨルダンへ。成田からシンガポールまでＪＡＬ、そしてシンガポール、ドバイ、アンマンはエミレーツ航空。シンガポールからドバイのフライトは超満席で、テロ直後とは思えない。彩乃は、座席の前についている液晶テレビで絵合わせゲームやポーカーを覚え、周りが寝静まってからも一人熱中し、食事も忘れるほどの集中ぶりだった。

無事到着。10月下旬のアンマンは朝12℃、昼間25℃と過ごしやすい。昼間は日向では陽射しが強くて暑いくらいだが、日陰は涼しく乾燥していて喉が渇く。あまり汗をかかないのが幸いであった。

『インディ・ジョーンズ／最後の聖戦』の舞台、ペトラ遺跡

ヨルダンでのガイドさんはスフィアンさん。この人の名は今でも彩乃が覚えているほど、大のお気に入りガイドさんとなった。

アンマンから車で3時間あまり。ペトラ遺跡は映画『インディ・ジョーンズ／最後の聖戦』の舞台となったバラ色の神殿で有名だ。中東の3大遺跡のひとつに数えられるインパクトのある遺跡である。紀元前、ナバタイ人の王国として栄えた古代都市。荒涼たる砂漠の真っ只中にあって、シークと呼ばれる岩の割れ目を延々と歩いていくとやっとのことでたどり着く巨大な神殿「エル・ハズネ」に感動を覚えるのだった。シークでは元気一杯に歩き、「エル・ハズネ」から奥へはロバと馬と馬車を乗り換えて楽しく回った。ラクダにも乗って記念撮影など、動物好きの彩乃は大喜びであった。

ペトラの入り口に土産物屋が一軒ある。お勧めは「砂のビン」、これは全て天然の岩から採った美しい色砂を使って、糊など一切使わず、金属製の細い棒で砂を入れ込んでいき、

岩を彫り上げた「エル・ハズネ」はペトラ遺跡の中で最も有名な神殿だ。

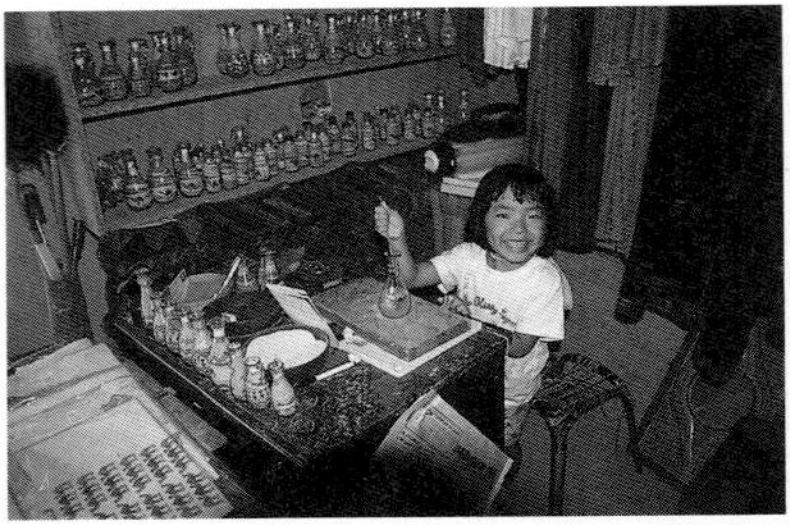
ペトラの入り口に今もあった砂のビン屋さん。彩乃もトライしてみる。

美しい柄や自分の名前を描いてくれるもので、お土産に最高である。今回は会社のロゴマークを入れてもらった。仕上げるのに6時間も必要という精巧な細工で、しめて40US$の価値は十分。彩乃は「あやの」というひらがなで名前を入れたフラスコ型のビンを10US$で作ってもらった。

砂漠のワディラムを4WDで駆けめぐる

3日間のペトラ滞在中、日帰りで南の砂漠ワディラムにも足を延ばした。ワディラムは『アラビアのロレンス』の舞台で、巨大でごつごつした岩と砂漠が織り成すワイルドな自然が魅惑的である。ドライバーは、辺りの地形を知り尽くしたベドウィンで白い服に赤い布を頭に巻いたベドウィン族の男。辺りの地形を知り尽くしたベドウィンでないと危険なのだ。ムード満点である。

砂漠の中でキャンプができる「キャプテンズ・デザート・キャンプ」は、背景が大きな岩山で、その陰の涼しいスペースにある心地よいキャンプサイトであった。砂の上に美しい絨毯を敷いたオープンスペースにテーブルと椅子が設えてあり、不思議なほどしっくりくる空間である。ランチはビュッフェで、ヨルダンでポピュラーなホブス（ナンに似たパン）にホモス（ナスや豆のペースト）、サラダにピリ辛カレー味ポテトにマッシュポテト、焼きナスにピラフとどれもが美味。屋外でのランチで一層美味しさが増した。

上／ワディラムへ向かう途中ベドウィン族の家族（テント）を訪問した。子供たちのあどけない笑顔が印象的。下／ワディラムは砂漠とラクダと岩山の風景が魅力。この中にキャンプ場が幾つかある。

死海は巨大ヒーリングスペース

死海はその場所自体が巨大なヒーリングスペースといわれている。酸素が豊富で、27%もの含有量の塩分とミネラルたっぷりの死海の水は、普通の海水の8倍もの塩分があり、からだをプカプカ浮かせる上、殺菌力もあり、リラックス効果やアレルギーを治癒する効

上／「モーヴェンピック・リゾート＆スパ」は死海に面して建つエレガントなリゾート。スパの規模が大きい。こんな所に１週間ぐらいステイしてみたい。下／ビーチでは自分で死海の泥を全身に塗って泥パックエステができる。

能まであるという。旧約聖書やコーランにも、死海のことが記されている。人間には計り知れない何かがありそうな、神秘的な気配すら感じてしまう。

塩水はかなり刺激が強いので目に入らないように注意が必要だ。間違って飲んでしまっても大変。パパは彩乃が入るのはダメ、と言う。仕方なく私だけ入った。その代わりに、ビーチに盛り上げてある泥を彩乃と私でからだ中に塗ってみた。いわゆる死海の泥パックエステである。しばらく放置して、乾いたころにシャワーを浴びてみると、あら不思議。全身すべすべになって、アレルギー気味だった彩乃の左腕のかゆみも治ってしまった。

彩乃は死海にこそ入れなかったが、プールでは存分に楽しめた。滞在したホテル「モーヴェンピック・リゾート&スパ」は、昔ながらのヨルダン様式の石造りのホテル棟が楽園の花園のような敷地に点在する、素晴らしいホテルであった。中東最大級のスパ施設を持つのも、自称スパ評論家の私には魅力的。時間を見つけて、2コース「マッサージと全身泥パック」「デラックスフェイシャル」を体験することは忘れなかった。今回は、パパがプールで彩乃と遊んでいてくれたので、ノープロブレムであった。

石油王国、バーレーンへ

バーレーンへ向かうガルフ航空の待合室には、白装束に赤白チェックの布を頭に巻いた男たちに、黒いアバヤ姿の女たちが目立ち、いきなりガルフ（湾岸）の国の空気が漂っていた。ヨルダンもイスラム教国だが、全く異質の国である。2時間半のフライトで、石油で富める小国バーレーンの、超モダンな空港に到着する。

目指すホテル「ル・ロイヤル・メリディアン・バーレーン」にはマリーナがあって、専用ボートなどでやって来るゲストのために、水上ガソリンスタンドなども設置されているから驚きだ。エレベーターに乗るのも、庭やプールに出るのも、すべて専用キーでセキュリティーは守られる。ロビーラウンジには、白装束＋赤チェック布巻き集団がソファというソファを埋め尽くしている。異文化がひとまとめに押し寄せてきて、圧倒されてしまうほど興味深い風景であった。

バーレーンはたったの1泊だったが、現地旅行社のディレクター氏が案内してくれたコーズウェイと呼ばれる橋は印象的であった。この26キロもの長い橋は、バーレーンとサウジアラビアとを繋いでいる橋なのだ。日本人にはビザの取得も難しい、ちょっとした異境の地。この橋を渡ることはできないが、半分の所まで近付けるらしい。行ける所まで行ってみようということになった。

機関銃を持った兵士のいる入り口で通行料を払う。世界一高い橋といわれるが、通行料もかなり高い。橋を行く車はみな高級車、スピードを出してビュンビュン走る。この快適さは本当に金持ちの国を実感させる。反対車線に車がぺしゃんこになって火を吹いているのを発見。彩乃は「車が燃えてる！」と大騒ぎ。ディレクター氏いわく、「サウジの車だ。彼らの運転はひどすぎる。ほら！　彼らは運転を知らないんですよ」と言っていた。

犯罪率0％に近い、金持ちオマーン

オマーンへの入国はドバイから陸路であった。石油で潤っている中近東の国々の人の裕福さは半端ではない。教育がしっかりしていて、頭もよく、まじめな人が多い。しかも金持ちが多いので、オマーンもドバイなどと同様、治安がすこぶるいい国だ。犯罪率０％に近いと聞いた。何はともあれ、この国も、テロのテの字も感じさせない、のどかで平和なところである。オマーンでお世話になったガイドのサイードさんも、60人も泊まれる巨大な家に住んでいるそうで、決して生活のために働いているのではないのだった……。

泳いでいるサメが見えるシャーク・ビーチ

さて、観光である。マスカットまでの道中は見所が凝縮する素晴らしいものであった。かつての栄光の跡がうかがえる壮麗な城や堅固な城塞、緑と水が豊かなオアシスの村々、散策が楽しいスーク（市場）。ビルカット・アル・モウズというオアシスの村は、ナツメヤシの群生したオアシスの谷間《たにあい》に、モスクなどのクリーム色の建物が身を寄せ合い、モスクからは祈りのアザーンが、谷底から湧き出るように流れてくる。視覚と聴覚が不思議な感動に包み込まれるひとときであった。

ワヒバ砂漠はマスカットから2時間あまり。オマーン最大の砂漠で、旅のハイライトのひとつでもあった。まずは、マスカットから東部へ、オマーンを代表する港町のひとつスールへと向かう。道中はアラビア半島のイメージそのままで、切り立った荒々しい岩山の下に広がるクリーミーブルーの海。この美しさは並ではない。オフロードを4WDで延々と走る。途中、隕石が落ちてできたという泉のようなシンクホール。ガードレールなどなくて、落ちたら真っ逆さまのシャーク・ビーチには、名前のとおり赤ちゃんザメが3、4匹泳いでいるのが見える。山間《やまあい》にあるワディ・シャーブは近くの集落の子供たちの遊び場になっている池のようなワディ（涸川）である。自然の中で遊ぶ子供たちは目がきらきらと輝ききれいだった。

見上げるほど高い砂丘を4WDは登っていく

ザンジバルなどとの交易で6世紀頃栄えたスールの町には、海辺にダウ船の工場がある。釘を使わない独特の舟が並んでいる。オマーンが「シンドバッド」の船出した港のある国だと思い出した。クリーム色の小さな家が何軒か並び、灯台が建ち、小舟が浮かぶ入り江の砂浜で、サイードさんが用意してくれたサンドイッチでピクニックランチだ。ちょっと車酔いした私たちはもっぱらオレンジとモンキーバナナを食べ、彩乃はビーチでピンクの巻貝を見つけて大喜び。なんと90個ちかく拾い集めたのだった。

上／アラブのお金持ちの国を象徴する金製品の店が並ぶゴールドスークはドバイが有名だがマスカットにもある。下／シャークポイントで透明度の高い海を見下ろしていると、時折サメの子供が泳いでいるのが見える。

ランチの後は、いよいよスール郊外の広大な砂漠に入っていく。周辺部分からぐるりと回って、徐々に高い砂丘の最上部を目指して走る。見上げるほど高い砂丘に車でどうやって登るのかと思っていたら、広大な円を描いて外から攻めていくのだとわかった。いつの間にかかなり高い地点にいるではないか！　そして、急で長いスロープを4WDは滑り台みたいに落ちていく。皆、キャーキャー叫びつつも大喜びだ。サイードさんはサービス精神旺盛で、4回も5回も砂丘滑りをしてくれたり、「バナナ」といって、車を横向きに走らせたりする。彩乃は「バナナ、バナナ」と何度もリクエスト！　車を止めて降りると、今度は砂を下まで流して遊んだり、砂丘に走って登ったり、おおはしゃぎで砂遊びを楽しんだのだった。

彩乃、ホテルランキング1位の超豪華ホテルで「ハッピィ・バースデー」

世界で一番好きな国は？　彩乃に聞くと、ドバイと答える。なんで？　と聞くと、その答えはこうだ。「お姫様のホテルが好き」。堂々世界一の座を勝ち取っているのがここ「バージュ・アル・アラブ」だ。

子供とて、このゴージャスさはわかるのか。5ツ星を通り越して7ツ星という呼び名も高いこのホテルは、噂以上に素晴らしいものであった。何もかもがスケールが大きいと言おうか、度肝を抜かれるとはこのことだ。2階建ての全室広々としたスイートで、これ以上ないという贅を尽くした内装である。海を全面に眺められる上から下まで特大のガラス張り。15人くらいはゆうに座れるソファがあるリビングは、ちょっとしたパーティーにも最適だ。金メッキの螺旋階段を上ると、ベッドルームと1部屋分ありそうなバスルームに、大きな円形ジャグジー風呂がデンと控えている。ピカピカもアラビアチックな内装も、中途半端だったら成金趣味だろうが、その徹底ぶりには脱帽だ。その豪華さは、ため息が出るほどの格調の高さを醸し出していた。

バトラーサービスも行き届いている。タキシード姿のバトラーのそつのないサービスは、さすがにアラブの大富豪や世界中のVIPを相手にしているだけのことはあると唸ってしまうレベルの高さ。一度、彩乃のサンドレスをランドリーに出したところ、可愛い貝の花形ボタンがひとつはずれてなくなっていた。バトラーさんに言うと、別のスタッフに指示して、町のお店で3種類の可愛いボタンをそれぞれ5個ずつ買ってきて、彩乃に選ばせてくれたのである。その上、すべてをそれに付け替えてくれたのだ。こんな行き届いたサービスがあるとは！　感動であった。

バスローブでプールへ行くと、デッキチェアにふかふかのタオルを敷き、エビアンウォーターのペットボトルを3本、そしてエビアンスプレー（保湿用）を3本持ってきてくれ

上／青空に映えるヨットの帆のような白い「バージュ・アル・アラブ」の外観。夜には帆の部分がスクリーンになって映像が映し出される。下／豪華な客室内。ドレス姿の彩乃は「さあ、どこに隠れようか」と考え中。鬼はママ。

「バージュ・アル・アラブ」にて5歳のバースデー・パーティ。突然のケーキにびっくりの彩乃。

るのだ。2回プールへ行ったら、エビアンスプレーが6本溜まってしまった。このホテルに泊まるゲストはそんなこと考えもしないのだろうが、このスプレーは日本では1本600円はするのだ（せこい話で失礼）。

このホテルに泊まっていると、隣接した「ワイルド・ワディ」に無料で入場できるというメリットもある。波のあるプールを始め、ありとあらゆるプールが揃う、まさに水のアミューズメントパークである。まずは流れる川風プールで浮き輪に彩乃をのせてプカプカ流れていた時のこと。いつの間にかスポッと彩乃の身体が抜けて、水の中へ。5秒くらいで浮き上がったのだが、びっくり。本人は大笑いだったが、外で見ていたパパが心配顔。彩乃には無理、滑り台だけにしなさい、となった。

ホテルの中に水族館のある有名なレストラン「アル・マハラ」がある。ディナーは子供不可なので、ランチに彩乃の誕生パーティーをすることにした。彩乃5歳の誕生日は、本当は帰国の翌日11月8日である。

でも、日本に帰ったら多忙なパパと私である。せっかくお気に入りのホテルなのだから、ここでお祝いするしかないと思ったのだ。ディズニーばりに潜水艦に乗ってレストランに到着という趣向もいい。全身真っ黒のアバヤで口まで隠した女性3人組登場。サウジアラビアからのゲストのようだ。手首に金ぴかロレックスが光っている。やはり客層がすごいので、見ているだけでおもしろい。

あらかじめ、マネージャーに伝えておいたところ、デザートの時にろうそくを立てたデコレーションケーキをサービスしてくれた。いい記念になるバースデーだった。

振り返れば、9・11の直後に、これほど平穏なアラブの旅ができるとは思っていなかった。でも、旅行中はそうしたことなどすっかり忘れていたほど平和で、日本にいるよりリラックスしていた。彩乃も大好きなホテルとガイドさんに出会えて、収穫は大の旅であったに違いない。

そうそう、最後にクマ子のクローンの話。オマーンでは結局、ショッピングセンターには寄る時間がなく、同じぬいぐるみを見つけることはできなかった。でも、それでよかったと思っている。彩乃はクマ子の生まれ故郷を見ることができたし、クマ子も里帰りを果たした。彩乃にとって、やはりクマ子はただひとりなのだから。

子連れ旅行ワンポイント・アドバイス ⑫

金持ちU.A.E.の7ツ星ホテルに圧巻!

日本人にとって、危ない国のイメージが一番強い中東。実際はモダンでお洒落なリゾートホテルが立ち並び、治安もいいお金持ちの国U.A.E.のドバイ。犯罪率の低さは、日本などはるかに上回るほど。今回バースデーを迎えた7ツ星ホテル「バージュ・アル・アラブ」が、ドバイを彩乃世界の国ランキングNO.1にした。ヨルダンでも、ペトラ遺跡でロバや馬に一人で乗れたことが自慢であった。本当は安全で、子連れ旅行に最もふさわしい国々が中東にあるのだ。

●言語&ガイド:アラビア語のほか、英語、フランス語も地域によって通じる。日本語ガイドは稀。
●持ち物の注意:乗り継ぎ便で時々発生する「ロスト・バゲージ」(預けた荷物が届かなかったり、別の場所に行ってしまう)。手続きをすれば、ホテルに届けてくれるが、念のため着替えやすぐに必要なものは機内持込み手荷物に加えるといい。
●旅行シーズン:真夏のドバイやオマーンは40℃以上の猛暑となるので、その時期は避けたほうがよい。ヨルダンは一年を通してOK。
●ホテル:「BURJ AL ARAB(バージュ・アル・アラブ)」(ドバイ)★★★★★★★ 世界的に有名な7ツ星ホテル。室内で隠れんぼできるほどの広さ、ゴージャスな内装、サービスは文句なし(日本語案内の設備有り)1泊1室約14万円だった。「SOFITEL PETRA TAYBET ZAMAN(ソフィテル・ペトラ・タイベット・ザマン)」★★★★★ ペトラに19世紀からあった、ひとつの村をそのまま残し建物を改装した情緒たっぷりのホテル。子供も歓迎。

13 Tunisia
チュニジア

千夜一夜物語

——彩乃5歳5カ月——

スース、チュニスへ。
チュニジアの道路標識

Tunisia

ルート　モロッコ周遊後、空路チュニジアへ
チュニス→ジェルバ島→マトマタ→
クサール・ギレン→トズール→タメルザ渓谷
2002・4・20～2002・5・7　18日間の旅

海外旅行がすっかり板につく

２００２年のゴールデンウィーク、彩乃は5歳になっていた。もう、保育園でも年長さん。夢見る夢子さんとか、彩乃ワールドとか、先生に言われるほど、お姫様大好き。お絵描きをしてもキラキラのピカピカ。色鮮やかで可愛いドレスを着たお姫様の絵ばかり。しゃべることもおしゃまだし、すっかり私の話し相手ができるまでに成長した。ひらがなが書けるようになったので、旅先でもホテルのレターヘッドにクラスの友達に宛てた絵と文を書いてみたり、フィアンセ（と彩乃はずっと信じていた）海くんに絵葉書を出したりしている。私より早く走れるようになり、元気いっぱいに観光もホテルめぐりもこなし、た

くましくなったものだとつくづく喜んでいた。

実は、お隣の社会主義国リビア行きを計画していたのだが、ビザが取れず断念。２回目だがまだ行っていないサハラの奥地を中心にチュニジア再訪を決めたのだ。

チュニジアってどんな国？　と訊かれると、ひとことでは答えられない。それだけ奥が深く、見所がたくさんあるからだ。サハラ砂漠あり、ローマ時代の遺跡あり、イスラム教の国らしくモスクがあり、スーク（市場）めぐりの楽しみもある。しかも、『スター・ウォーズ』や『イングリッシュ・ペイシェント』などの映画の舞台になったユニークな風景もたくさんある。地中海に面した首都チュニスの近郊には、フランスの植民地だった名残で、タラソテラピー（海洋療法）のスパの施設のあるリゾートホテルがずらりと並ぶ。他のマグレブのアラブの国とは比べ物にならないほど、洗練されたホテルがあったり、お酒まで飲めるという開かれたソフトモスリムの国なのだ。ホテルではフランス産の輸入物ワインがあるが、地元のチュニジア産ワインがずっと安く楽しめる。これがまた、結構いけるのでワイン飲みのパパと私には嬉しかった。さぁ、その魅惑の国、チュニジアの旅をご案内しましょう。

上／チュニジアで一番きれいな町といわれるシティブサイドは白と青が目にしみる美しい家並みが魅力。下／ジェルバ島の町中で所狭しと売られる絵皿は可愛くて安い。

買い物の楽園

エールフランスで成田からパリまで12時間あまり。そこからチュニスまで約3時間半の長旅である。さすがにエールフランスは機内食が充実していいのだけれど、液晶テレビが付いていないのは今イチだ。パリ〜チュニス間は子供も多く騒々しいのでこちらもリラックスだった。

チュニスからまず、ジェルバ島へ国内線でひとっ飛び。ジェルバ島はチュニジアきってのリゾートで、陸続きの島である。本格的なリゾートホテルやシーフードレストランが建つ一大リゾート地だが、ここはチュニジア。白い建物にブルーのドアや窓枠の付いた美しい家並み。ブーゲンビリアの花が咲き乱れる楽園のようなところだ。

広場にはたくさんの絵皿を地べたに並べて売っている。1枚3ディナールぐらい（約270円）で魚模様の黄色い細長いお皿を買った。彩乃は取っ手がラクダの首になっているコップを見つけて1つ買う。スークに入り込んでいくと、ますます欲しい物いっぱいの彩乃。アラジンのお姫様のドレスみたいな、スパンコールだらけの子供用民族衣装を見つけてパパにねだるのだった。

ジェルバ島のシーフードは新鮮でおいしい。「HAROUN」のランチメニュー。

魚の市場もあって、その隣りの港に面したレストラン「HAROUN」でシーフードのランチを取った。チュニジアで指折りの新鮮な魚介類を食べさせる店らしい。前菜のツナとナスのサラダ、ゆで卵とトマト、ピーマンのサラダ、イカと海老のかりかりフリッター、タルタルソースがけ、どれもがとっても美味しいのだった。メインはスズキを丸ごとグリルしてレモンを搾って食べるあっさり系。さすがに新鮮で、彩乃も山盛り食べたのだった。

マトマタ名物・洞窟ホテルに泊まる

次なる目的地はマトマタ。砂漠の民ベルベル人の穴居住居があり、映画『スター・ウォーズ』のロケ地にもなった所。隕石でも落ちたみたいに大きな深い穴に、横穴を開けて、奥深い住居を作っている。本物のベルベル人は今ではごくわずからしく、ほとんどがチュニジア国籍を持っているという。

マトマタでは、名物の洞窟ホテルに泊まった。井戸などがある中庭を取り囲むようにクサール（穀物貯蔵庫）風の回廊がユニークで、1階が洞窟風、2、3階は普通の部屋だ。私たちの部屋は1階の洞窟スタイル。白い漆喰で塗り固めた室内には、センスのいい絨毯が敷かれ、ベッドカバーもベルベル風で素敵。照明が結構明るいのが助かる。そして何より、外は猛暑でも中は驚くほど涼しいのがいい。これから砂漠へと向かう前夜の宿として、これほどムードのあるところはないだろう。

マトマタや、砂漠へ向かう道中の小さな土産物屋でよく見かけたのが、サソリの標本。透明なプラスチックで固めて置物にした、グロテスクな置物もある。見つけるたびに、「ギャー！　サソリ。気持ち悪いー‼」と叫ぶ、彩乃と私であった。本物など出たら、大騒ぎで済まないだろう。

瞬間にタイヤの跡を吹き消す砂漠の風

マトマタから4WDで3時間半。今回のハイライトはクサール・ギレン。チュニジアの中ではサハラ砂漠の最奥に位置し、赤い砂漠がサハラのイメージどおりなのである。なだらかにカーブするデューン（砂丘）には、夜風によって生み出された風紋が遥か彼方まで広がり、その光景は月面かどこかの惑星にでもいるかのようだ。4WDで縦横無尽にデューンを駆け巡り砂漠サファリを楽しむ。風紋の上に模様を描いて走る4WDがいくら必死に駆け回っても、その直後に砂漠を吹き抜ける風が、あっという間にタイヤの跡など消し去ってしまう。砂漠の中では何もかもちっぽけな存在だと実感させられる。そんな、デューンが夕陽に赤く染まる瞬間が見てみたい。そのためには砂漠の中に泊まらなくてはならない。

「パンシー・クサール・ギレン」はこの砂漠の真っ只中にある高級テントロッジである。砂漠の中のオアシスの中に、本物のテントが60あまりズラリと並んでいる。外観は普通のテントだが、中がすごい。エアコン完備、ホットシャワーも出るバスルーム、お洒落なテーブルと椅子、大きなベッドにセンスのいいリネン類。もう立派なホテルの一室である。

砂漠のど真ん中のホテルライフ

ランチもディナーもちゃんとしたコース料理の出るレストランに、砂漠ムード満点のバー・ラウンジまであって驚く。太陽が焼けつくような日中はゆったりと大きいプールでひと泳ぎ。陽気なフランス人グループはプールの中でワインで乾杯してとっても楽しそう。

上／まるで隕石が落ちてポッカリあけられたようなマトマタの穴居住居。下／マトマタにある洞窟ホテル。ベルベル人の穴居住居を改装したもの。

近くにはからだにとてもいいと言われる天然温泉があって、欧米人は皆水着でプカプカ入っている。でも日本人の我々にはぬるすぎて温泉気分は出そうにないのでやめておいた。こんな快適なロッジにいると、一瞬自分たちがどこにいるのかを忘れてしまいそうだが、実は大砂漠のど真ん中にいると思い出す度に、ドキドキしてくる。

上／サハラの奥地にあるテントロッジはオアシスの緑に包まれるように存在する。下／ホテルの展望塔から夕陽の時、砂漠を見下ろす。

ホテルの展望タワーの屋上までのぼってみた。ちょうど夕陽の時である。赤い砂漠はもっと赤く染まり、感動的なシーンを見せてくれた。見渡す限り辺り一面砂漠に囲まれている。大海原に浮かぶ孤島にでもいるような気分だ。

ラクダに乗ってローマ時代の要塞跡まで見に行った。下りて、サラサラの赤い砂に触れてみる。サハラの砂だ。一日中、こうした砂漠を堪能できるホテルがあったのも素晴らしい発見であった。

サソリが出たぁ〜！

テントロッジの夜。さあ、寝ようとベッドに横たわろうとした時である。「ぎゃー!!」彩乃の悲鳴。虫嫌いの彩乃のこと、どうせアリかハエでも出たんだろう、と見に行くと、な、なんとサソリが出たー!! 今度は私が「ギャー!!」10センチくらいの中くらいの本物のサソリが、テントの内側に現れたのである。恐れていたものがついに出た。どうしよう、どうしようと、オロオロしていると、パパは靴でたたいてやっつけると、サソリの死骸をロッジの隅の方の砂の上に捨てたのだった。「パパ、すごいねー。サソリやっつけるなんて、見直したよ」と珍しくパパを絶賛する彩乃であった。

翌朝、恐る恐る見ると、サソリの死骸はほとんどなくなっている。そこにはアリの大群が列を成して獲物を持ち去っていく姿があった。「アリさんがサソリ食べちゃった」とまたもやびっくり。びっくり尽くしの砂漠体験であった。後で、ホテルのディレクターと話しているとき、サソリが出た話をすると、テントの中に入ってくるのは本当に珍しいことらしいとわかった。よりによって我が家のテントに入ってくるとは。

実際にサソリを発見して以来、用心深いパパは、砂漠で砂を掘ったりして遊ぶ彩乃に強く注意するようになった。いつ何時《なんどき》サソリが出てくるかわからないからだ。

この旅一番のお気に入り「アリババ博物館」

彩乃にチュニジアで何が一番面白かった？　と聞くと、「アリババ」と答える。それは砂漠や山岳オアシスの観光の拠点の町、トズールにある。空港もあるこの町は、20万本ものナツメヤシの木が茂る大きなオアシスである。独特の凝った模様のレンガ造りの建物が特徴。町の中心のアラブ風格式ある外観のホテル「ダル・シュライト」と並んである「ダル・シュライト博物館」。その中のひとつが「アリババ博物館」である。子供だましのアミューズメントパークかと侮っていると、入ってびっくり。スリルのあるお化け屋敷風の趣向から、「開けゴマ！」と唱えると開く岩とか、アリババをモチーフにした展示物とか、凝った見世物が続々登場。3人でキャー、キャー叫びながら入るのがちょうどよくて楽し

上／アルジェリアとの国境に近い山岳オアシスを走り抜ける
レザー・ルージュは変化に富んだ車窓風景が楽しめる。下／
映画『イングリッシュ・ペイシェント』の幻想的なシーンは
ここ山岳オアシスのタメルザ渓谷で撮られた。

上／ピクニックランチでも持って一日中散歩していたくなった、山岳オアシスのシェビカ。下／自然の生み出した見事な曲線の「バルコニー」は山岳オアシスのミデス。

いのだった。彩乃のリクエストで、2晩連続で通ったほどだ。

『イングリッシュ・ペイシェント』の舞台は幻想的だった

トズールから1日がかりで、山岳オアシスへ行った。暑く、そして冒険に満ちた一日であった。まずは豪華列車「レザー・ルージュ」でセルジャ渓谷へ向かい出発する。レザー・ルージュはフランス語で「赤トカゲ」という意味のとおり車体は赤く、客車の中には赤いベルベットが張り巡らされたサロンまであった。私たちはコンパートメントスタイルのアンティックなインテリアの席に座れた。

列車が動き出すと、風景は徐々に砂漠のように荒涼としたものとなった。切り立った断崖や橋、トンネルなど、変化に富んだ風景が続く。もともとは、リン鉱石をフランスに運ぶための積み出し用の列車だったので、2カ所で写真ストップをした後、3番目の駅が採掘場跡で、ここで列車は折り返し、メトラウィに戻って走る。片道45分の短い列車の旅。我々は、片道で降りて、そこで待っていてくれた4WDで、別ルートを取ってタメルザ渓谷へ向かった。

タメルザ渓谷は、ミデス、シェビカと共に、珍しい山間のオアシスとして知られる。特に、映画『イングリッシュ・ペイシェント』の舞台になった幻想的な風景はここにある。

涸れ川や滝の対岸にある旧村タメルザは、１９６９年の大洪水で２００人もの人が亡くなり、廃墟となって以来、遺跡のような不思議な光景を生み出している。対岸にあるホテル「タメルザ・パレス」のプールサイドからは、そうした絵のような風景が独占できる。ランチを取りに観光客が訪れるホテルだが、ひと時を過ごすだけでは、あまりにももったいない気がした。

次に訪れたミデスは、険しい断崖の上から見下ろすバルコニー状のオアシスだ。自然に出来上がったカーブの美しいバルコニー状の断崖は見るものを圧倒する。シェビカは、まさに山のオアシスを満喫できるところ。小川のせせらぎを渡り、小さな滝を眺めつつ、岩の裂け目を通り抜けて、ナツメヤシの木陰でひと休み。アドベンチャー気分も十分のハイキングコースだ。

この後、オング・ジャメルの砂漠まで、４ＷＤでひた走る。かなりのガタガタ道で、頭をぶつけそうになるくらいだった。ラクダの形の大きな岩山が聳える砂漠、オング・ジャメルは白っぽいながら広大な砂丘が圧巻だ。砂丘の上から４ＷＤで滑り落ちる楽しみが待っていた。彩乃はこれが大好きで「もう1回！」とドライバーさんにリクエストを忘れない。

チュニジアの空気漂う「魔法の絨毯」

私たちは旅先でほとんど買い物をしない部類に入ると思う。何一つ買わずに帰る旅も多々あった。でも、ここチュニジアのケロアンでは、なぜか毎回買い物をしてしまう。それも大きな買い物である。

そう、ケロアンはイスラム教の世界4大聖地のひとつに数えられるほど、立派なモスクがある聖都であり、同時に絨毯の名産地でもあるのだ。小さな町には、絨毯屋がひしめき、軒先にも美しい絨毯が飾られている。その日は、ちょうど金曜日とあって、グレートモスクは礼拝中で、中に入らせてくれなかった。すると、絨毯屋さんの屋上からモスクの中が見えるからどうぞ、と勧められたのだ。確かに見晴らしがよい屋上からは、モスクの中庭が望めた。アザーンの声も聞こえてきて、情緒満点。そして、お礼を言って帰ろうとしたとき、各階にひろげられた美しい絨毯が目に留まった。ちょっと見るだけ……で終わるわけはないが、カシミアの最高級カーペットで、3メートル×2メートルくらいの大きいブルーの美しいものがとても気に入ってしまった。彩乃も「これがいい」と絶賛。チビだがそれなりに色彩感覚はあるのだ。それに、ちょうどうちのリビングルームにぴったりの大きさだ。

店員さんは1830ディナール（約16万円）という。日本なら30万円は下らない、最高

上／オング・ジャメルに今も残されている映画『スター・ウォーズ』のロケ地。下／ケロアン名産の美しい絨毯。これは今回買ったものより小ぶりのもの。

級品だと、あれやこれや説明を始める。でも、冷静なパパは「これなら、せいぜい900ディナール（約8万円）ぐらいやろ」と言う。店側も、社長まで出てきて、特別料金をどんどん提示する。でもそれは1300とか1200とかで、パパの言う額までは下がらない。欲しがっている私はそれでも安い、買おうとパパに言うが、パパはこういうところでは目の利く人だ。しかも欲しがっている張本人じゃないから強気でいられるのだろう。「900でないと買わない」と言い張り、最後には帰りかけるではないか。すると、慌てた社長がついに折れて、900となったのだ。さすがはパパ。えらい！　ずいぶん時間をかけたが、いい買い物をした。

そのブルー系の美しいカーペットは、ちゃんと1カ月後に我が家に届き、今もリビングの床を年中飾ってくれている。10年前に購入した絨毯と、その新しい絨毯の2つは、そこだけチュニジアの空気を感じさせてくれる、私たちにとっての「魔法の絨毯」なのである。

子連れ旅行ワンポイント・アドバイス ⓭

食中毒にご用心！

実はこの旅、チュニジアの前にモロッコに立ち寄っていた。そこで食べた「ハリラ」という唐辛子入りお漬物に、あたってしまったのだ。モロッコでもチュニジアでもお医者さんを呼ぶ羽目に。彩乃があたらなくてよかった。以前、ヨルダンでひどい食中毒になってから、かなり注意していたつもりだが、かかるときはかかる。そうなると日本から持参した薬は効かないことが多く、地元の菌には地元の薬が一番効くようだ。水・氷はもちろん、こうした漬物にも注意した方がよさそう。サラダでもお腹をこわす日本人もいる。生搾りオレンジジュースも要注意。ちなみに、ピリ辛が苦手なパパは難を逃れた。

●**アクセス：**首都チュニスへは、パリか、ミラノ経由などが一般的で便利。ルート上に見所がたくさんあるので、国内は車で周遊することをお勧めする。

●**言語＆ガイド：**公用語はアラビア語、フランス語など。英語は一般的にはあまり通じない。政府公認の日本語ガイドも頼める。

●**買い物：**絵皿や陶器、アクセサリーに飾り物など、民芸品が所狭しと並ぶスークでの買い物は楽しい。冷やかしで見て歩くだけでもいいが、買う時は必ず値段交渉しよう。秘訣は明るく値切ること。

●**ホテル：**「DAR CHERAIT（ダル・シュライト）」★★★★　トールズの町の中心、子供が大喜びする「アリババ博物館」こと「ダル・シュライト博物館」に隣接する高級ホテル。「PANSEA KSAR GHILANE（パンシー・クサール・ギレン）」★★★★★　サハラ砂漠の奥地に佇む高級テントロッジ。朝陽夕陽に輝く砂漠は絶景。

⑭ Namibia and South Africa

ナミビア・南アフリカ

幻のヒンバ族と豪華セスナの旅

―― 彩乃5歳10カ月 ――

世界最大級の標高を誇るナミブ砂漠にある壮大な砂丘に登る

Namibia and South Africa

ルート ヨハネスブルク（経由）→スワコプムント→ダマラランド→エプーパ・フォールズ→ナミブ砂漠→クルーガー国立公園近郊

2002・9・22〜2002・10・3　12日間の旅

最後の秘境「ロスト・ワールド（失われた世界）」を目指す

彩乃がもうすぐ6歳を迎える秋、私たちは、アフリカ南部、ナミビアへの旅に出た。今回はまず、北部のダマラランドで砂漠の象を見て、カオコランドで誇り高きヒンバ族に会い、それから一路南へ、世界一の標高を誇る砂丘が見られる砂漠ソッサスフレイへ足を延ばし、最後、クルーガーの近くの憧れのサファリロッジに2泊するプランを立てた。

成田から香港へは、キャセイパシフィック航空で4時間10分。そこからヨハネスブルクまで約13時間、香港〜ヨハネスブルク間は南アフリカ航空のフライトナンバーでも共同運行便なのでキャセイの機材だった。ビデオもゲームもOK。とりわけ「メモリーゲーム」

という絵合わせのゲームに興じる彩乃であった。

無事、空港へ到着。ナミビアの最北端、カオコランドを目指す。そこは、まさに、最後の秘境「ロスト・ワールド（失われた世界）」といっても過言ではない雄大な自然の宝庫。アンゴラとの国境のエリアに位置する地域で、ここに行くためにはセスナ機をチャーターしなくてはならない。スワコプムントからチャーターし、北部ナミビアの見所を周遊する専用セスナと専用パイロットとガイド付きの贅沢な旅となった。

ガイドはフランス人のキャロリーヌさん。美人で、聞き取りやすい英語を話す。きれいな人が大好きな彩乃は、後々、「ナミビアはキャロリーヌさんがいたから好きだった」というほどのお気に入りとなった。

野生の象が敷地内にやってきた！

まず向かったのがカオコランドの南に位置するダマラランド。そこで宿泊した「パームワッグロッジ」は、ダマラランド地方北西部ユニアブ川の近くに位置し、周りは砂漠の象をはじめ、運がよければライオンやサイ、ヒョウにバブーンまで見られることもある動物保護区内にある。ロッジはわらぶき屋根の一軒ずつ独立したタイプで、ナチュラルかつシンプルである。石造りの床や屋根を支える柱に自然の木をそのまま使っていたりして、とても和める。

バンガローに荷物をおろし、ほっとひと休み……の瞬間だった。

「エレファント!!」ガイドのキャロリーヌさんの声を殺した呼び声がした。大声を出すと象が逃げてしまうのでパパと彩乃と私は、抜き足差し足で、そっと近づいて行く。ちょうどロッジの敷地のすぐ外の木のところに1頭、これこそ本物の砂漠の象である。こんなにロッジの近くまで象が遊びに来るとは驚きだが、他のゲストいわく、昨夜は12頭もの象が集団で遊びに来ていたそうだ。

レンガ造りの柵の下のボードにこんなWARNING（警告）が書かれていた。

「象はロッジの敷地内やキャンピングエリアに自由に近づいて来ることもあります。象の進行を妨げたり象にむやみに近づいたりしないでください」

さぁ、サファリに出発！

プールサイドバーでステーキ&チップスとヴュルスト（ドイツ風ソーセージ）で腹ごしらえ。ナミビアはドイツの植民地だったためドイツ料理が本格的で美味しいのだ。

ひと休みして、午後のゲームドライブの始まりだ。ロッジのゲートを出ると一面の荒涼たる風景の中をひた走り、ブッシュの陰にクドゥー発見。耳が丸くて大きい可愛い鹿のよ

ダマラランドにある「パームワッグロッジ」からの夕景。ここに象のシルエットが入れば完璧だったが……。

うな動物だ。ほかにもキリン、茶色いマウンテンゼブラ（シマウマ）、オリックス、スプリングボックなど沢山の動物に出会えた。

最初は暑くてTシャツだったのに、日が陰り始めるとかなり冷えてきた。ダマラランドの夕景はとびきり素晴らしい。黄色い草原に緑のブッシュ、そして背景をなす山々の美しい稜線。この風景を見られただけでも、十分幸せな気分に浸れるサファリドライブだった。

忘れられない、ダマラランドの夕景

ロッジのレストランでのディナーは7時から。ちょうど夕陽の頃、ゲストたちは皆バーの外で夕陽を眺めつつ一杯やっている。地平線に沈む真っ赤な太陽は大きすぎるほどで、感動的な色だ。日本では絶対に見られない色である。ディナーはコースメニュー。濃厚でいい味のマッシュルームクリームスープ、メインディッシュにチョイスしたチキンのインドネシアスタイルもカリカリ香ばしくスパイシーでなかなか美味しい。ちゃんと冷えた美味しいビールがあるのもやはりドイツのコロニーだっただけのことはあり、ワインも大好きな南ア産のものがあるし、辺境の地とは思えぬレベルの高さだった。

夜、ロッジに戻り、四方八方に飛び散るちょっと不便なシャワーを浴びた後、ベッドの白い蚊帳の中で、いつものように彩乃に絵本を読んでやった。10時半消灯。明日も早いので早く寝ることにする。

天然素材100％のテントロッジに泊まる

翌日は、ダマラランドから、一路カオコランドのエプーパ・フォールズへ1時間15分のフライト、ナミビア最北端の地を目指した。

今夜の宿「エプーパ・キャンプ」は、川のせせらぎと鳥のさえずり、そして、近くに暮らすヒンバ族たちの飼うニワトリやヤギの鳴き声に包まれたキャンプサイト。全てが自然の素材で造られたオープンスタイルのレストランにも川から心地よい風が吹き抜ける。

ビーチと呼ばれるレストラン下の砂地は川を見下ろすスペースに木の椅子が並べられ、くつろぎの空間になっている。まずキャンプに到着した時に好きな飲み物で歓迎され、空いた時間には本を読んだり、ディナーの前のひと時を過ごしたり、いわばオープンスペースのラウンジである。片隅に「STAY ON THE BEACH（川に入らないでください）」という注意書きが。なぜ川に入ってはいけないんだろう？　と思って聞くと、キャロリーヌさんが手招きする。ビーチに備え付けられている高性能の望遠鏡を言われるままに覗いてみると、なんとそこには大きな口を開けて岩の上にいる大ワニの姿があった。

ヒンバ族との乗合いタクシー

まず、キャンプから車で20分、ヒンバ族の村へ向かった。

ヒンバ族は誇り高く、心優しく、そしてなんと言ってもカッコいい民族である。女性は全身赤茶色、上半身裸で垂れ下がるほどたわわな乳房は乳牛を思わせる。首輪に手足の銅製アクセサリーも欠かさない。髪飾りと首輪で未婚か既婚かがわかるらしい。男性は、間違ってペンキをかぶってしまったとしか思えないほど、頭のてっぺんから爪先までこげ茶。男の子の髪型は、まるで牛の尻尾のようにピョコンと後ろに跳ねている。ヒンバ族にとって牛は宝物だかららしい。そして皆、何があってもどこ吹く風といった感じで飄々としている。うーん、やっぱりなんとも言えずおしゃれ。

案内役は、キャンプの世話係アレックスさん、ドイツから来ている大学生。途中でヒンバ族のおばあさん、お姉さん、お兄さん、子供……と順に車に便乗させてあげる。村へ行く人々にとってはまさに乗合いタクシーである。「モロモロ（こんにちは）」「タリウィ（お元気？）」と陽気に言葉を交わす彼女。簡単なので真似して声を掛けてみた。皆、ニコニコして挨拶してくれる、とてもフレンドリーな人々だ。

村に近づくと、男の人が意味のわからない言葉で不思議な歌を歌い始めた。すごく楽しそうで、自然な歌声。思えば私は旅人である。そしてヒンバ族も、遊牧民であり、そのほ

上／エプーパの滝に虹がかかり、夢のように美しい風景が広がっていた。滝の向こうはアンゴラである。下／ヒンバ族の村を訪れた。全身をこげ茶に塗って、なんともいえずユニークでカッコいい。

とんどが移住型の暮らしをする、いわば旅人。一台の車にたまたま乗り合わせたヒンバ族の人々がやけに身近に感じた。桃源郷のような風景の中に溶け込んでいくその歌声は、私の心の中にも不思議なほど沁みてきて、とても幸せな気分に浸っていたのである。横を見ると、彩乃も楽しそうにニコニコ顔。ここの空気は誰をも幸せにしてくれるようだ。

到着した所は、ヒンバ族の仮居住型（テンポラリー）の村。大家族で暮らさず、家族単位というのが特徴だ。内部は木製、外は土をこねて塗ったシンプルな倉形の家に彼らは暮らしている。行きの飛行機で彩乃がもらっていたおもちゃの飛行機や、文房具セットの入った可愛いビニール製のかばんを、ヒンバ族の子供たちのプレゼントに持ってきていた。お父さんに渡すと、握手までして大喜びしてくれたのであった。

SUNDOWNER(夕陽)の刻、エプーパの滝を眺めに丘へ登る

エプーパ・キャンプでのプログラムの中で、ハイライトと言えば、それはエプーパの滝を見に行く「SUNDOWNER TOUR」。ディナーの前のアペリティフは丘の上で、という趣向だ。それも、とっておきの眺めというおまけ付き。丘の上からはエプーパの滝をはじめ、10以上の細長い滝がナツメヤシの緑のオアシスのあちこちで白くて美しい姿を見せている。彼方に壮麗な山並み、その向こうはアンゴラである。川が国境をなしているのだ。

谷の向こうに手付かずのバオバブの木がニョキニョキと生えているのが見える。ヒンバ族の人々はこのバオバブの木の実を好んで食べるそうだ。

「失われた楽園」の風景を目の当たりにしつつ、キャンプのスタッフが用意してくれたアペリティフで乾杯。さまざまな飲み物がテーブルの上の白いテーブルクロスにおつまみと一緒に並べられている。もちろん、よく冷えた白ワインは美しいワイングラスに入れてくれる。楽しそうな皆の顔が、夕陽に輝いてオレンジ色に染まってきていた。

一路、南へ、南へ。ナミブ砂漠を目指す

すべてが心地よく、幸せな時ほど早く過ぎるもの。立ち去りがたい思いでキャンプを後にして、次なる目的地、南部のナミブ砂漠を目指すのであった。4時45分起床。セスナでスケルトンコースト上空を飛ぶ。白く波立つ海岸に迫る荒野。低空飛行で味わうコーストラインは、セスナのダダダダ……という音と相まってとてもワイルドだった。

無事、スワコプムントに到着。ここからナミブ砂漠へは車で向かった。一路、南へ南へ。年中霧がかかったように曇って肌寒いスワコプムントの町を抜けて3時間も走ると、大自然の真っ只中に自分がいることに私は気付いた。一面に広がる荒野におもしろい形の木が生えている。コッカーブームと呼ばれるアロエの木だ。ナミビアには多種のアロエが存在

するようで、一冊の図鑑があるほど、その種類は多い。

2時間半ほど走ると、ようやくソッサスフレイに到着。これぞ、ハイダウェイの極致とでも言えそうな辺境の地に、ぽつんと佇むロッジ、それが今夜の宿「ソッサスフレイ・ロッジ」であった。ユニークなロケーションはもとより、すべてがナチュラル素材で造られたバンガローのセンスのよさに脱帽である。レンガや岩、木とかやぶき屋根。ゆったりと広いコテージは大きなガラス張りでワイドなパノラマがとても嬉しい。砂漠の近くだから、何が出ても不思議じゃないとは覚悟していたが、予想どおりクローゼットに2匹の中くらいのクモがいたのもご愛嬌か。

世界一の標高を誇るデューン(砂丘)

ソッサスフレイ、ナミブ砂漠の広がるナミビア西部一帯を占めるナミブ・ナウクラフト公園は、南アのクルーガー国立公園に次いでアフリカで2番目に大きいことで知られている。世界一の標高を誇る迫力あるデューン（砂丘）が見られ、そこに登ることもできるのが、ここナミブ砂漠だ。デューンはナンバーをつけて管理されているらしいが、デューン45は最も有名なデューンである。一番標高が高いのは300メートルの「クレイジー・デューン」だが、デューン45の方が形も美しく、ちょうど縁を辿るように登って行くとそこ

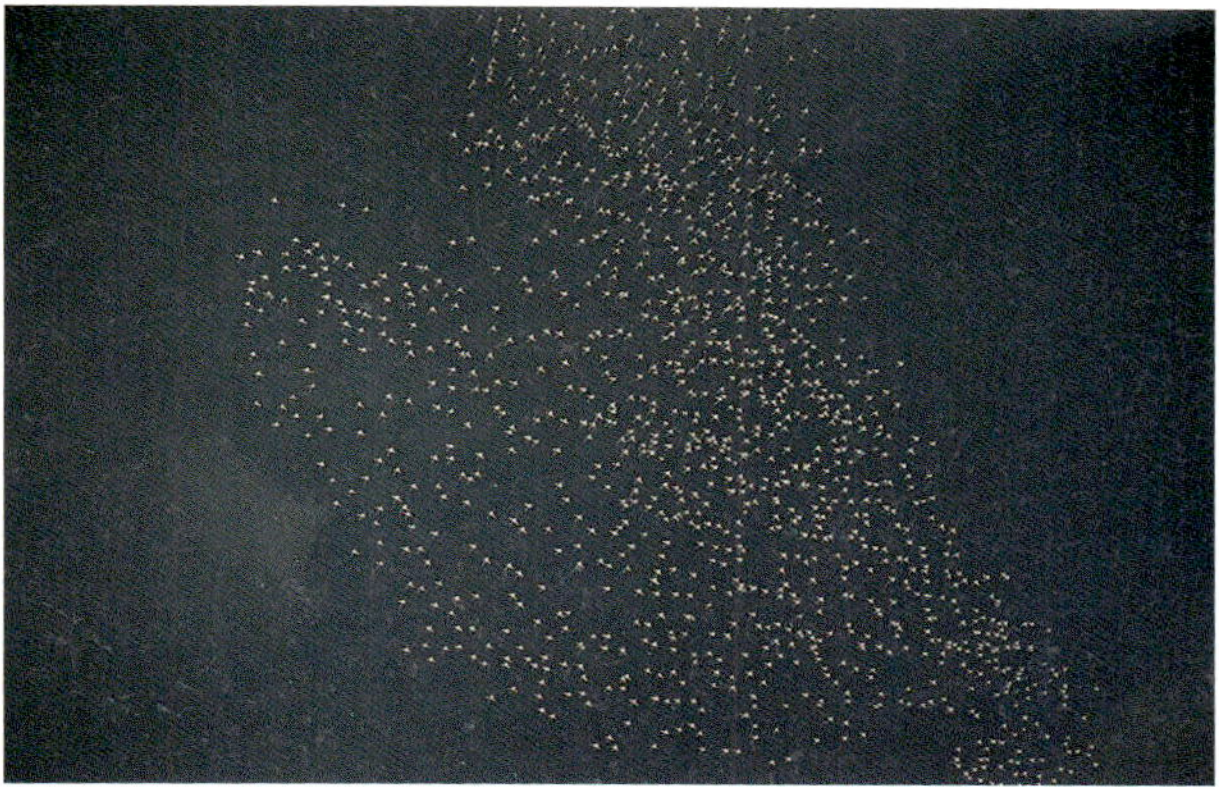

上／スケルトンコーストをセスナで低空飛行すると、フラミンゴの群れがエンジン音に驚いて飛び立つ姿も。紺碧の海に広がるサーモンピンクは鳥肌もの。下／デューン45の山頂までがんばって一番乗りの彩乃。自慢げにポーズ。

からの景色が素晴らしいのだ。両側が急斜面で滑り落ちそうな気がして結構スリルがある。120メートルまで登ると結構疲れた。彩乃は先頭切って一番に登り自慢気だった。

宿泊したホテル「ソッササスフレイ・ロッジ」は、居ながらにして岩山と砂丘が一望できるステキなロッジだ。ナミビア最後の夜を飾るにふさわしい。戸外にはデザートマウスや長い足のユニークな鳥がテケテケと走り回っている。とっても楽しいホテルなのである。テケテケ鳥を追いまわす彩乃も、見るとテケテケと走り回っていた。夜は天の川まではっきりと見える満天の星降る夜空にうっとりしながら、ひと時の散歩を楽しんだ。

洗練されたサービスに浸った豪華サファリライフ

最後の目的地は、ずっと憧れ、泊まってみたいと夢見ていた「ロンドロジー・プライベート・ゲーム・リザーブ」。南アのクルーガー国立公園のはずれにあるサビサビ私営動物保護区の近くにあるとびきりデラックスなサファリロッジのひとつである。念願叶って、ここに2泊。私たち3人家族の至れり尽くせりの豪華サファリライフの始まりであった。

拠点となる空港スククーザへは、ヨハネスブルクから南アフリカ航空国内線で1時間10分。空港で車の迎えを待っていたつもりが、いきなり、パイロットが登場。専用セスナでのお迎えとのこと。これには、びっくりした。

今回ステイする私たちのコテージに案内される。わくわく、どきどきの瞬間。デッキチェアとテーブル、パラソルの置かれたデッキスペースからガラス張りのドアを開けて中に入る。自然な中にお洒落なインテリア、アフリカンテイストもいい具合に加味されて、洗練されたロッジに仕上がっている。とりわけセンスのいいバスルームもガラス張りで、サバンナのブッシュが見渡せるのが嬉しい。外のデッキからサバンナを眺めていると、時折り象が姿を見せたり、インパラがすぐ近くまで遊びにきたり。ホテル内にバッファローやクドゥが紛れ込んできたりもして、びっくりだ。

大人向けのウエルカムカードのほかに、娘用のエクストラベッドの上に手紙とプレゼントが置かれていた。それはいかにも子供が喜びそうな面白い石鹸や、缶詰のおもちゃにお絵描きセット、そして、手紙にはロンドロジーのカバさんから彩乃宛ての、Dear Ayanoで始まる歓迎のストーリーというとても楽しい趣向で、何もかもが気が利いている。夜には巻物のようなサバンナストーリーが届くし、脱いでおいた洋服やパジャマはいつもきれいにたたんである。ところが、メイドさんの姿を見たことがない。ゲストが出かけている間にささっと……全てがさり気なく、これこそ本物のサービスである。

お昼時にチェックインしたので、まずはデッキのレストランでランチを食べることになった。豊かな緑を眺めながらの食事は本当に幸せなひと時だ。まずはシャルドネのよく冷えた白ワインで乾杯！　彩乃はここのクリーミーなミルクとチョコレート入りアイスコーヒーがお気に入りとなった。

冷製の少し酸味のあるビシソワーズスープが大ぶりのグラスに入って登場。焼きたてのパンとよく合う爽やかな味だ。メインディッシュのSURPRISE PLATE（たっぷり瑞々しいレタス、ポテトとアンチョビのサラダ、ダックのかりかりロースト、スパイシーなビーフのグリル、ブルーチーズ和えのポテトなど）は、とても野趣味溢れた一品であった。

オールインクルーシブのホテルなので、シャンペンや高価なワイン以外なら、アルコールも食事も、サファリも、果てはランドリーまですべて宿泊代に込みである。しかもここの食事はどれもが、セッティングにもムードにもこだわっていて、いつも楽しませられる。その最たるものが初日のディナーだった。

サファリ後のお楽しみ、スペシャルディナー

夕刻のゲームドライブは午後4時から3時間、ランドローバーで走り回った。我々は他のゲストたちとは別の専用車をチャーターさせられた。なぜなら「5歳の子供は野獣の餌食になる恐れがあるので、混載車だと他のお客さんの迷惑となるため……」だとか。確かにオープンカーなので、視界は広々。それだけに飛びかかってこられたら、という怖さは

否めない。彩乃を間に挟んで、なるべくくっついて座ることにした。ここでの初めてのゲームドライブなので、インパラもクドゥもサギとかの鳥にも大騒ぎ。大物はメスのライオン1頭だけだったが、それでも大満足だった。

3時間も走ると、あたりはすっかり暗闇でかなり冷えてきた。てっきりロッジに戻るの

上／私たちが滞在したコテージ。サバンナを見渡せるウッドデッキもある。下／サファリドライバー・ガイドのダーレンさんと。南アフリカのサファリはいつもこうしたオープンサファリカーである。

かと思っていたら、ロッジから少し離れた地点で車が止まった。見ると、サバンナの中でボーマ（南部アフリカのサファリロッジでよくある焚き火のまわりでの屋外の食事）のディナーがセッティングされているのだ。たくさんの松明《たいまつ》とろうそくの明かりが暗闇の中できらきらと煌めいて美しい。簡易トイレも用意され、スタッフがお湯をかけて手を洗わせてくれるという行き届いたサービスには脱帽であった。

屋外といえども、本格的なビュッフェディナーはどれもが美味しく、さらにワインでほろ酔い加減。お隣に座っている英国人グループの上品なおじ様が声をかけてきた。

「ゲームドライブで何を見ましたか？」

「ライオン1頭だけです」と答えると、おじ様は少し笑って、「オー、ライオン1頭だけだって⁉ 私共はサイが2頭、ヒョウにヒポにホロホロ鳥がサソリを食べてるところも見られましたよ。オー、ファンタスティック！」だって……。

ワニに食べられているカバがいた

朝6時、ホテルスタッフのモーニングノックと目覚ましのフレッシュなピーチネクターで爽やかな一日の幕開けである。今日は、ちょっとユニークなサファリロッジ「シュクドゥ・ゲームロッジ」を見学に行く予定だ。日の出は6時頃とかで、もうすでに太陽はさんさんと照り輝き、朝からTシャツ1枚でちょうどいい。昨夜の寒さと大違いである。

専用ランドローバーに乗り込み、出発。クルーガー・ゲートを通り抜け、クルーガー国立公園に入ると、突然舗装された道路に自家用車や観光バスが走っている姿も目立ち、サビサンドエリアとはずいぶん趣が異なるのに気付く。道路から外れて中に入り込めないために、道路の両サイドに現れる動物を見るのがここのサファリの特徴だ。

道中、バブーンにシマウマ、イボイノシシ、クドゥ、そして、キリンも登場！　道を渡り、水場を移動するバッファローが300〜400頭の群れをなしているのは壮観。赤ちゃんバッファローが付いて歩いているのが可愛かった。通りかかった川には、1匹のカバがひっくり返ってワニに食べられているシーンも。他のカバとの喧嘩に負けて殺されたそうだ。自然の厳しさを目の当たりにするのがサファリだ。また、道中のピクニックタイムでは、鳥も遊びにやってきた。目にも鮮やかなブルーで目が黄色と美しく、幸せの青い鳥みたいだ。たくさんのパンを投げてやるとナイスキャッチ。これが楽しくて、彩乃は自分が食べるのも忘れて夢中になっていた。

人気者のチーター「サバンナ嬢」

「シュクドゥ・ゲームロッジ」は孤児の動物を育てて自然に返すプロジェクトを行ってい

サバンナで朝食を終え、お腹いっぱいでプールサイドに戻ってきたチーターのサバンナ嬢。

る。女性マネージャーはとても親切で、「遠路はるばるよくお越しくださいました」と力強い握手と笑顔で心から歓迎してくれた。

ロッジの部屋も見学させてもらった。その数は14棟。シンプルだが動物をモチーフにしたインテリアは居心地がいい。朝、動物の子供たち（象も一緒だった）との散歩を楽しみ、野鳥に餌付けしたり、午前と夕方には2度のゲームドライブ。食事の質と量は満足いくもので、温かいホスピタリティも十分に感じるホテルであった。今度来る時は泊まってみたいと思った。

親とはぐれた生後7カ月のメスのヒョウ、アマンドラちゃん、列車の線路の上にいたところを危うく助けられた3カ月のライオンのタムくんがいる檻の中に入らせてくれた。すでにファミリーメンバーとしてロッジの最高の人気者になっているのがチーターのサバンナ嬢である。2歳半のメスで、首輪をしていて飼い犬のようだが、ハンティングが上手で、朝に夕にインパラやクドゥを「外食」してくるそうだ。バーのカウンターに乗ったり、プールサイドで水を飲んだり、果てはゲストルームのベッドに横たわったり。自分を人間でここの家族と思い込んでいるとしか思えない。スタッフもサバンナ嬢に抱き付いて「今日は何を食べてきたの？　お腹いっぱいになった？」なんて会話しているのだ。でも、目下彼女にはチーターのボーイフレンドができたらしく、一緒にサバンナを散歩している姿が目撃されたとか。

プールサイドで休憩中のサバンナ嬢に恐る恐る近付いていってみる。獲物と間違えて追いかけられると怖いので、彩乃をしっかり抱っこした。彩乃は太くて長い尻尾を持ち上げ、私は胴を撫でてみるが、サバンナ嬢は平然としている。外食（ハンティング）を終えて満腹のよう。ホッ。それにしてもなかなかできない体験であった。

待望のヒョウは出てきてくれるのか？

出発の朝、5時起床でロンドロジー最後のサファリに出かける。

まずはカバが1頭現れる。涼しい朝のうちだけ水から上がってウロウロ。午前の日が照り始めると「オー暑い」と水の中にドボーン、日がな一日水の中で怠惰に過ごすのだ。

次に道端に現れたサイの3頭家族。それも巨大なのがいきなり目の前に3頭も現れたからびっくりした。オープンサファリカーなのでちょっとびびるが、特に襲ってくることはないらしい。しばらく走ると、山火事の後らしく、黒く焼け爛れた地面に1頭のキリンが倒れていた。火を逃れるうちに電線で感電死したらしい。火事はタバコの火が原因だろう、可哀相に。

そして……出た！　念願のヒョウが木の上にいるではないか。近くの木の上にはインパラの死体がぶら下がっている。ヒョウは獲物を捕らえると、くわえて木に登り、食べた残りをこうしてぶら下げたまま近くの木の上から見守るのだとか。ライオンを恐れてのことらしい。ライオンも木に登れるので（知らなかった！）トラブルが起こると負けるから、こうして離れて様子を窺わないといけないわけだ。

いつも木の上で暮らし、高い所から獲物を狙い、飛びかかるというヒョウが、目の前で私を見下ろしている。ばっちり目が合ってしまった。その目はなぜかとても優しげで、ネコ科なのに猫のような鋭さはない。からだのラインといい、毛並みといい、見惚れるほど美しい。でもやっぱり猛獣だ。飛びかかられそうな錯覚に襲われて、鳥肌が立った。

それにしても、早朝サファリの2時間で、実にさまざまな動物に出会えた。

最後に、チェックアウトを終え、空港（エアスリップ）に向かう道中。ついに最後の大物、象が1頭姿を見せてくれた。

「これでBIG FIVE達成だね！」現地スタッフのダーレンさんはニッコリ微笑んだ。

子連れ旅行ワンポイント・アドバイス ⑭

もうすぐ6歳、物心もついてサファリ満喫

ナミビアでは世界一標高の高い砂丘のあるナミブ砂漠を自分の足で体感し、南アフリカではヒョウやチーターにも遭遇して大感激。ダイナミックな自然を味わえる有意義な旅だった。また、世にもユニークなヒンバ族など、別世界に暮らす人々との触れ合いで異文化体験もできたようだ。もうすぐ6歳ともなると、感受性も豊かになり、ママたちとの旅の会話も実があるものとなってきた。南アで象が木をなぎ倒しているシーンを保育園のお絵かき時間に描いていたほど、印象に残る旅となったようだ。

●**アクセス：**観光拠点ウォルヴィス・ベイやウィントフックへは、まずはキャセイor南アフリカ航空で香港経由等でヨハネスブルクへ飛ぶのが一般的。今回は所要17時間の道中も、ビデオを見たりゲームをしたり、すっかり旅慣れた様子だった。

●**言語＆ガイド：**公用語は英語、アフリカーンスほか部族語。地域により仏、独語も。日本語ガイドは稀。

●**予防接種など：**予防接種は不要だが、ナミビアのアンゴラ国境あたりはマラリア汚染地区なので、日本で予防薬を買っていった。でも子供が薬を服用するのは不安なので、蚊に刺されないよう蚊取り線香や虫よけスプレーで防御に努めた。結果的には季節的にも蚊がほとんどいなかったので問題なく、予防薬も服用しなかった。

●**ホテル：**「SOSSUSVLEI LODGE（ソッサスフレイ・ロッジ）」★★★★　ナミブ砂漠のソッサスフレイにある砂漠観光の拠点。居心地よい屋外テラスのレストランでは、ワニやダチョウやグドゥのバーベキューも食べられる。

大迫力のペリトモレノ氷河

15

Chile and Argentine

チリ・アルゼンチン

感動の氷河とペンギンと Merry Christmas!

—— 彩乃6歳1カ月 ——

Chile and Argentine

ルート サンチャゴ→パイネ国立公園→カラファテ→ペリトモレノ氷河→ウシュアイア→ブエノス・アイレス

2002・12・22〜2003・1・2　12日間の旅

パタゴニアのクリスマス

クリスマスはパタゴニアの大自然の中で！　そのために、はるばる飛んで飛んで、南米最南端へと向かった。シカゴ、マイアミ経由でチリのサンチャゴ着。そこからさらに国内線でプンタ・アレーナスまで、トータル28時間のフライトだ。子連れにはちょっとキツいのではと思われがちだが、そんなことはない。日頃の疲れを癒すため（？）機内食もろくに食べず、寝っぱなしだった彩乃を尻目に、長旅に少々退屈し、疲れたのは母である私の方であった。

やっとのことで辿り着いた初日の夜を過ごすホテル。ドアに飾られた素敵なクリスマス・リース、レース編みのクッションカバーにバスルームのレースのカーテンと、乙女チックな趣向に大喜びの彩乃。「ホテル・フィニステーラ」はチリ・パタゴニアの観光のゲートウェイとなる小さな田舎町プンタ・アレーナスの目抜き通りにあるホテルだ。部屋の窓から教会が見えたりして、いい感じ。それにしても8時半、夜なのに暗くならない。地球の北の方で白夜を体験したことがあるが、南の端でも白夜がやっぱりあるのだ。

ディナーを食べにレストランへ。たっぷり機内で寝て元気はつらつの彩乃は、大好きなステーキを美味しそうにほおばる。私はといえば、本場のチリワインの爽やかな美味しさにちょっと食欲が湧いてきて、いろんな（名前も知らない）貝がどっさり入ったニンニク味のスープを頂く。長旅の後のいきなりの貝料理。これが悪かったようだ。早速お腹をこわし、次の日は食事抜きの私であった。トホホ……。

1万匹のペンギンが生息する保護区

翌朝、早起きしてパイネ国立公園へと向かう。その前にぜひ寄ってみようと計画したのがペンギン保護区である。南極まで行かずともペンギンが見られるのだ。プンタ・アレーナスの北西70キロにあって、車で1時間半のところにある。

他には何もない海岸沿いにぽつりと建つ切符売り場とカフェテリア。そこから遊歩道を

ペンギン保護区ではたくさんの可愛いペンギンに出会える。でも海辺にあるので夏でも冷たい風が吹きかなり寒い。山盛り着込んで行った私たち。

海岸に向けて歩いていくと、いるいる！　ペンギンが登場。彩乃は大喜びでペンギンの方へ駆けて行く。ビーチに向かう所に柵があってペンギンに触ったりはできないようになっている。でもけっこう近くで見られるのがいい。パレードのように列をなしてぴょこぴょこ歩くペンギンの姿はなんとも愛らしい。陸地の巣で子育てをするのはお父さんで、海に出て魚を獲っているお母さん。皆が戻ってくる夕方にはいちばんたくさんのペンギンが勢揃いするそうだ。9月にここへ来て卵を産み育て、3月頃ブラジルへ帰っていく。ブラジル？　不思議に思って聞いてみると、ここにいるペンギンは暖かいエリアでも生きられるペンギンらしい。知らなかった。

地図で見ると細長いチリ。先っちょの方は

狭そうだが、パタゴニアの大地は広い。そこから今日の宿である目指すパイネ国立公園のホテル「オステリア・ラス・トーレス」まで約5時間の道のりであった。

開放的な自然美を生かしたくつろぎの宿

ホテルの名前であるラス・トーレス（LAS TORRES）とはスペイン語でタワーの意味。まるで塔のように切り立った岩山が3つ、パイネ国立公園の名物であるこの山が近くにあるので、この名が付いた。国立公園の真っ只中にあって、敷地内に牧場もあり牧歌的なムードで、緑がいっぱいの開放的な自然美がすばらしいロケーションにある。

木の壁に白い屋根、白い窓枠の山小屋風の可愛らしい外観が、大自然の懐に抱かれたようなこの地にマッチしている。私たちの部屋を出てすぐ、廊下の向こうにラウンジがあった。温かみ溢れる木造りのラウンジは、モンゴルのゲルを大きくしたような形である。センスのいいインテリアに暖炉が設えてあり、ふかふかのソファと共にロッキングチェアがあって、いつも静かで居心地がよくて、私たちファミリーのお気に入りスペースとなった。時間があればこのラウンジでくつろぐ。彩乃はロッキングチェアをぎこぎこ動かしたり、お絵描きしたり、「指差しスペイン語会話」の本を眺めたり、ガラス張りの外にある芝生の庭のブランコに乗ったり。他のゲストもソファで寝そべって本を読んだり、我が家のようにリラックスしているが、お互いに静寂を保ちつつ幸せなひとときを共有している。彩乃がそういう時間を共に過ごせる年齢に成長していて、本当によかった。

朝食前のミニミニ・トレッキング

ラベンダーの花々の咲く庭でかけっこしたり、ブランコしたり。大人まで子供に返る場所というのも何だか嬉しい。朝は早起きして、7時の朝食までにちょっとした散歩に出かけることもできる。どうしても早起きして歩きたい、そう心から思わせてくれる自然があるのだ。ハイキングコースのトレイルを辿って歩くと、小さな橋あり、吊り橋ありと、ちょっとしたスリルも味わえる。朝の澄み切った青空に美しく輝く山々の姿が映えて、歌でも口ずさみたくなる気持ちよさ。そして、次の日はホテルの裏手の丘に登ってみたり、道なき道をかき分けて歩いたり、普段運動不足の我々にしてはかなり精力的に楽しんだのであった。彩乃にとっても決してハードすぎず、冒険心を満たせるいい環境のようだ。

ホテルに戻っての朝食は、シンプルなのにとても美味しい。適度な運動の後だからなおさらだ。自家製の焼きたてパンに、蜂蜜入りのバターを塗って食べる、それだけでとっても満足なのだった。

大好きなグアナコに再会

パイネ国立公園は、山あり、氷河あり、湖あり、滝あり、とバラエティに富んだ自然が魅力だが、忘れてはならないのがグアナコの存在。このエリアには3万5000頭ものグアナコがいるという。長い首とピンとした耳。ペルーにいるリャマの仲間だが、その凛《りん》とした風情がなんとも愛らしい。好奇心が旺盛で、誰だろう？　という顔をしてこちらに近づいて来たりする。ラス・トーレスの尖った岩山や雄大な山々を背景に、光り輝く緑の草原に暮らすグアナコのファミリーの姿は、そのまま一枚の絵葉書のよう。メスは赤ちゃんと群れをなし、オスは1頭だけ離れて丘の上の方で見張り番をして、赤ちゃんをプーマから守っている。立派なオスの姿は神々しくさえあって、心を打たれる。

グアナコの興味深い話を聞いた。毎年、たくさんの赤ちゃんが皆同じ日の同じ時間に生まれるという。いわゆる同時出産だ。それに合わせオスたちが出産を見守れるように。これも天敵プーマから赤ちゃんを守るための自然の摂理なのだとか。

グアナコファミリーのコロニーらしきエリアに入り、赤ちゃんに近づいていくと、なんと離れて立っていた大きなオスのグアナコが2頭こっちに突進してきた。時速70キロくらいはありそうな勢いだ。焦っていると、彼らは我々のすぐそばをすり抜けて母子たちのもとへと駆けて行った。必死で家族を守ろうとする姿を見て、あまり不用意に近づいてはい

上／家族を守る勇かんなオスのグアナコ。右／乙女心をかき立てる花畑。雪山を背景にしたアングルはそのまま絵はがきになりそう。

けないと、早々に退散することにしたのだった。

氷河のオンザロックでメリー・クリスマス!

グレイ湖はパイネ国立公園で最大のグレイ氷河が流れ込む湖である。遠くからでもブルーの氷塊が見える不思議な光景。これは1998年に大規模な氷河の崩落が起こった後、湖面が氷塊で埋め尽くされていた名残である。水際まで近づくと、ありとあらゆる形の氷の塊が浮かんでいるのを目の当たりにできる。ここが「氷の墓場」と呼ばれるのも、なるほどと納得できる。流れ着いて、後は溶けて（死んで）ゆくだけというわけだ。

氷塊が元気に生きた状態である氷河を見てみたい、そう痛切に感じた。そして、翌日、私たちは所要4時間の長いクルーズに出た。あいにくの雨模様だったが、救命胴衣をつければOKとのアナウンスがある。早速、喜び勇んでデッキへ出てみた。

だんだん青白い氷の壁が近づいてきた。船はいったん止まり、そしてゆっくり回り氷河を見せてくれる。晴れの日は太陽光線の強さで白く輝いてしまうのだが、逆に曇りの日ほど光の吸収の加減で氷河は青さを増すという説明だったが、それは本当だ。目の前に立ちはだかる氷の造形美、神秘的なまでのその青色に溜め息が洩れる。どんどん船は進み、もうすぐ目の前で触れそうなほどに接近する。これは大迫力の体験である。

ぽっかりと空いた穴に濃いミントシロップでも流し込んだような氷の洞窟が見える。鋭い刃のように尖った氷の柱や、向こうまで透けて見える細長い亀裂もある。すべてが息を呑む感動の世界。

その頃、階下のキャビンでは、この氷河の氷でオンザロックにしたウィスキーをゲストに振舞っていた。少し晴れ間も出て、暖かい日差しを浴びながら、デッキの上で氷河を眺めつつ、オンザロックで乾杯！　彩乃はジュースで乾杯だ。

そして、今日はクリスマス。神様が創り出してくれた、何より素敵なクリスマスプレゼントだった。

10年前と変わらぬ街並みに佇むホテル

私たちはチリサイドのパタゴニアから陸路で国境を越えて、アルゼンチンサイドのカラファテへと向かった。南米大陸最南端、パタゴニア地方の大自然を代表する大氷河で、自然の世界遺産に指定されているペリトモレノ氷河へ行くためだ。国境から2時間半あまり、何もない大草原をひたすら駆け抜ける。10年ぶりだった。こぢんまりした街並みは変わらない。メインストリートにはカフェやレストラン、お土産物屋が並び、宿泊するホテル「ロス・アラモス」も昔のまま佇んでいた。可愛い山小屋風の内装が気に入り、レストランも抜群の味で忘れられず、また、ここを予約したのだ。

一段とグレードアップしたレストランでは、セントーシャ（タラバガニ）の身がたっぷり入ったサラダにスープ、トルーチャ（マス）のグリルや、ボリュームいっぱいのステーキ。相変わらず美味のディナーを楽しみ、デザートで忘れられない「エンサラーダ・デ・フルータス・コン・エラード（フルーツサラダ・アイスクリームのせ）」を頼んでみた。昔からいるという貫禄あるボーイさんに昔食べて病みつきになった話をすると、メニューにはないのに、全く同じものを作ってくれたのには感激だった。

木造りのシャレー風で温かいムードいっぱいのスイートでくつろぎ、早朝から大きなジャグジー付きバスタブでゆったり気分の後、レストランへ朝食に出かける。朝からシャンパンまである高級感に溢れたビュッフェで、搾りたてのオレンジジュースを飲み干し、生ハムや各種のハム、チーズをライ麦パンに挟んでおいしいサンドイッチを作って食べた。

自然の世界遺産、感動の「生きている」氷河

このホテルに2泊して、ゆっくり一日氷河観光に出かけた。

突然、目の前でバリバリ・ドッカーン!!　とすさまじい落雷のような音がした。見下ろすと氷河の壁のいちばん下のあたりの氷が崩れ落ちて水に沈み、大きな波と水煙が立ち、

上／グレイ氷河クルーズにて。デッキに出るには必ずライフジャケット着用が義務づけられている。ちなみに、パパ初登場の巻！　下／このフォルムとこの色!!　ことばでは言い尽くせない清らかさだ。

上／ペリトモレノ氷河観光の拠点カラファテにあるお気に入りホテル「ロス・アラモス」。左／爆音と共に崩落し、一刻一刻その形を変化させる、まさに生きた氷河ペリトモレノ。

水面に氷塊が浮かび上がる。音のわりに小さな塊なのが意外である。10分ぐらいの間に、あっちでドカーン、こっちでバリバリと2回も崩落が起こった。1年に2キロにわたる氷河が崩落し続ける、まさに「生きている」氷河。気の遠くなるような年月を経てやって来た氷河の最前部の壁面は、透明なブルーのギザギザで美しい造形美を見せてくれる。深い亀裂が入っている部分の内部は深いブルーで吸い込まれそうに魅惑的である。

不思議なのは、四六時中最前部は崩れ落ちているのに、10年経ってもラインは後退していないこと。まわりが年中雪山なので、どんどん新しい氷河が生まれるせいらしい。

世界にはさまざまな氷河が存在するが、目の前で頻繁に崩れ落ちる興奮を味わえるのはここペリトモレノが最高であろう。皆、展望台からズームレンズのカメラを向けて、固唾を呑んで崩落が起こるのを見守っている。小さいものでも音はかなり大きいのだが、1度だけ前面の特大の氷塊が崩れ落ちたのにはびっくりであった。その音たるや鳥肌が立つほどの迫力で、崩れ落ちた後、刃物でスパッと切り落としたかのようにツルリとした濃紺の断面が姿を見せた。ずっと昔の氷が今目の前で、最後の時を迎えているのだ。新たな感動であった。

前回の悪天候に比べ、今回はウソのような好天に恵まれ、デッキに出たままでも暖かかった。そして、青空に映える氷の芸術を堪能できたのであった。

子連れ旅行ワンポイント・アドバイス ⑮

6歳になれば、どこでもOK!

行きの飛行機の中でもよく寝てばかりだった彩乃は、私たち以上に元気で、時差ぼけもなく、旅の達人と言いたくなるほど。幼児の頃は海外でも日本時間で生活していたが、いつの間にか上手に時差ぼけを回避している。逞しくなったものだ。現地では真夏とはいえ、南米の最南端。氷河観光時はかなり冷え込むので服装は真冬の物を用意した。真夏でないと堪能できない季節限定の見所パタゴニアだから、ちょうどクリスマスシーズンは最適の季節。青空の下、ペパーミントグリーンの壮大な氷河の織り成す風景に、彩乃も自然の偉大さを感じたはず。

●アメリカン航空：久しぶりに乗ったら、アルコールが有料（500円か4ドル）で驚いた。チャイルドミールもないし、サービスの低下は、米系航空会社の厳しい現状を垣間見た思い。でも、シカゴまでのフライトは液晶テレビ付きだった。

●言語＆ガイド：公用語はスペイン語。スルーガイドを頼む場合は英語が主。

●持参するといいもの：パタゴニア地方は空気がかなり乾燥しているので、のどを守るために、のど飴やトローチ、マスクなどを持参するといい。真夏の時期は30℃近く陽射しも強い。帽子やUVケア用品必携。

●ホテル：「HOSTERIA LAS TORRES（オステリア・ラス・トーレス）」★★★★　「LOS ARAMOS（ロス・アラモス）」★★★★　いずれも、子連れでも温かくもてなしてくれる。ただ、所要28時間の長旅なので5、6歳以上になってからのほうがいいだろう。

16 Libya

リビア

未知の国リビアと日本の架け橋を目指して

―― 彩乃6歳4カ月 ――

リビアの子供たちと

Libya

ルート　ローマ（経由）トリポリ↓ガダメス↓サハラ砂漠↓ガダメス↓サブラータ遺跡↓レプティス・マグナ遺跡

2003・3・26〜2003・4・6　12日間の旅

ビザ取得への長い道のり

かなり前からリビアという国のことは気になっていた。エジプトとチュニジアの間にあって、カダフィ大佐の独裁政権下にある社会主義国。行けそうでなかなか行けない国。4名からしかビザが下りないうえ、そのビザ取得が至難の業だと聞いていた。そして、日本語のガイドブックなどまだ出されてもいない。いったいどんな国？　と聞かれてもほとんど答えようがなかった。砂漠があって、遺跡があって……それでおしまい。リビアは私にとって完璧に未知の国だったのだ。

しかし、そろそろリビアへのツアーも開拓しなければならぬ。でも我が家のメンバーはいつも娘の彩乃を入れて3人である。4人からしかビザは下りないけれど、何とかならないものだろうか。そして考えついた手は、もうひとりスタッフを加えて4人で行くことにして申請を出す「ダミー作戦」であった。

それにしてもリビアのビザは大変だった。パスポートの内容を外務省でアラビア語訳してもらい、それを取りに行き、やっとリビア大使館で申請。航空券の実物が必要なので、ダミーの人間のダミーチケットまで発券するひと手間が必要だった。でもその甲斐あって無事ビザ取得OKとなった。パスポートが手元に戻ったのは出発の5日前と、ハラハラ、ドキドキの日々であった。

リビアは禁酒の国で、お酒自体普通では手に入らない。行きに1泊するローマでたらふくワインを飲んでおこう。

あわや、入国拒否事件発生⁉

今回の旅は、アリタリア航空にてイタリア経由で行き、リビアの北西部、チュニジアとの国境近くの小さなトリポリタニアと呼ばれるエリアだけを周遊する計画だ。イラク戦争真っ只中の3月26日から12日間の旅。リビアへ行くという私に、知人は「人間の盾になるの？」と言った。とんでもない見当違いだが、リビアは危ない国というイメージを持つ日本人はきっと多いのだろう。

まずは、成田からローマまで直行で12時間半。B‐777（ボーイング）型機で窓際から並びで3席なのが3人家族には嬉しいところ。結構ゆったりしたピッチの座席で、液晶テレビではビデオもゲームも盛りだくさん。キッズプログラムでは、日本で公開中の『リロ アンド スティッチ』や彩乃の好きな『スチュアート・リトル2』も上映していた。

リビアとイタリアの時差も知らなければ、ローマ～トリポリ間のフライトタイム（所要時間）も調べていなかった。ローマを飛び立ちサンドイッチと赤ワインの軽いランチを取り、しばらくはワインも飲めないなあと言いつつ、ほろ酔い加減で少しウトウトしていると、もう着陸のアナウンスでびっくりした。実はローマとは1時間の時差で、所要2時間というのが正解であった。日本との時差は7時間遅れということになる。

トリポリ空港は人でごった返すでもなく、飛行機から降りて入国審査場へもすいすいと調子よく到着。結構前の方に並んだので、これは早く入国できそう。と思いきや、そうは問屋が卸してくれなかった。なんと、入国時にも4人以上いないといけなかったのだ。とりあえず、待機に……。ここまで来て入国拒否されたら、いったいどうすればいいのだ？　リビアへ行く代わりマルタでのんびりする？　イタリアに戻るって手もある？　そうこうするうちに、すべての旅行者の入国審査が終わり、いよいよ我々の番が。別室から我々のパスポートを持った先ほどの管理官が現れた。現地手配の整っている旨を証明するため、現地連絡先の旅行社のTELナンバーを教えると、再び別室へと消える男。ドキドキの一瞬。男が戻ってきた。パスポートを3冊ヒラヒラさせている。

「OK! You can go, please!」最後に髭に隠れた口元が笑った。なんだ、いい人じゃないの。彩乃は親指を立てて「やったね!」とにっこり。

税関も意外にもノーチェックで、「Please, you are welcome!」と優しそうなおじさん。最初の厳しいイメージは、もはや見事に払拭されたのであった。

「アヤーノ」「アブアブ」……と呼び合うだけでちゃんと会話が成り立つドライバーのアブドゥさんと彩乃。

カダフィ大佐は国民のヒーロー

外に出ると、私たちを待っていてくれたのは、60がらみの大柄のガファージ氏。現地旅行社フォーシーズンズツアー社の社長だ。社長自らガイドもこなすミニ会社だ。横に立っていたのが長身でカッコいい黒人ドライバーのアブドゥさん。目をギョロギョロさせて愛嬌たっぷりの笑顔を見せる彼は、エディ・マーフィーの映画『星の王子様』に出てくる御付き役の人みたいだ。彩乃は彼のことをアブドゥとなかなか言えず、「アブアブ」と呼ぶと、「アヤーノ」と彼が答える。二人にはことばは要らないようだった。さっそく抱っこしてもらってご満悦のようである。

何はともあれ、一路トリポリの市内へ。トリポリの人口は150万人、海に面した港とアラビアらしい旧市街の織り成す風景が魅力的な町だ。とはいえ、ドバイなどのように洗練されているわけではなく、海に面して建ち並ぶリゾートホテルもどこか一昔前の垢抜けない外観である。街中にはカダフィ大佐の似顔絵の大きな看板が目立つ。その看板には「親愛なるカダフィ様、皆あなたを尊敬し愛しています」というような意味が書かれているらしい。ホテルのロビーにもレストランにも、あらゆるところにカダフィ様はいる。でも、北朝鮮の金正日とかイラクのフセインのような存在ではなく、リビア人にとってのカダフィ大佐はキューバのカストロのようなヒーロー的な存在であるという。1969年まで王制であったリビアを解放し、人々に自由を与えてくれた偉大なる人物として尊敬されているのである。

リビアにはグリーンブックという聖書のような本があり、あちこちで売られている。緑色の表紙で「LIVRE VERT」(フランス語で「緑の本」の意)というタイトルが書かれた本は、カダフィ氏が世界中の著名人の立派な教えを、自分のことばでまとめ本にしたものだ。あらゆる人生における指針が載っている、まさにコーランと並ぶバイブル的な存在なのだという。この本の色から、リビアの国の色は緑とイメージされるが、実際国旗は模様ひとつない緑一色なのには驚いた。家々もドアや窓枠が緑に塗られているのが目に付くはずだ。

リビアのベールが今はがされる

だだっ広くて殺風景なホテルなども、旧ソ連や中国と共通する社会主義国のイメージそのままなのに、トリポリの旧市街を歩いてみると、ここはまるで別世界であった。金製品のアクセサリーを飾ったきらびやかな店がズラリと軒を並べ、黒いアバヤに身を包んだ地元の女性が買い物を楽しんでいる。バザールは職人街へと続いた。真鍮の大皿や飾り物をコンコンカンカンと細工する職人たちの姿は、時代を遥か昔に遡ったような昔そのままの世界だ。立派なミナレット（尖塔）をもつモスクがある一方、イタリアの植民地だった名残で今でも教会があるのだが、今ではカトリック教徒はおらず、国民の１００％がモスレムである。

「禁酒は法律で定められているため、お酒を飲んでいるのを見つかったら牢屋行きです」

とガファージさん。でも、この国にもブラックマーケットは存在しているらしい。「お酒を飲もうと思えばお隣りのチュニジアに行けばいいワインがたくさんありますから。両国の国境はいつも開かれています」なるほど。

物価の安さにも目を見張る。コーヒーもミネラルウォーターの大きなボトルも50円ほど。バザールでも、女性の盛装用に美しい配色の縞模様の布地が売られ、横にはパーティー用の可愛いバッグが並んでいた。淡い桜色に金の持ち手が付いたお洒落なバッグは、日本なら2万円はしそうなのに、18ディナール（約15ＵＳ＄）という安さで、嬉しくなってついひとつ買ってしまった。

町のオープンカフェでコーヒーを飲む。ミルクが泡立ってイタリア風で苦くて濃い。本場イタリアのエスプレッソのように、食後はこれを飲まないと食事が終わった気がしなくなった。カフェではメンテ（ミントティー）もわりあいポピュラーだ。たっぷりのミントの葉を押し込むように入れてあり、その香りと甘ったるい味がアラブ風。横で水タバコをプクプクと音を立ててふかしているアブドゥさん。煙を嬉しそうに手ではらう彩乃。我が子を見つめるように優しいアブドゥさんであった。

経済も良好、安全で治安のいい国

経済状態が良くて、貧しい人がいないので、この国は安全で治安もとてもいい、というのは来てみてわかった事実だ。モロッコやエジプトのように、バザールでしつこく客引きして売りつける人などいないし、貧しいアジアの国々のように、子供の物売りがいたり、車のフロントガラスを拭く商売も存在しない。ドバイのように夜も安全で、出歩いても平気だ。とはいえ、勝手にガイドなしで郊外へタクシーチャーターで行く、などというのはよくないらしい。ガイドさんは同行し、入国後1週間以内にツーリストポリスでもらったレジストレーションを持っていないと問題が発生することもありえるそうだ。バックパッカーがひとりで自由に旅することができない国、だからこそ我々が3人で来たことに価値がある、と私は思った。そして日本で情報のないリビアという国のことがやっとわかりかけてきた気がする。

イタリア料理に通じる美味しさ

リビアで初めてのディナーはトリポリのダウンタウンのレストランへ。外食の習慣が少ないお国柄、レストランの数は少ない。まず、必ずと言っていいほど出されるのがリビア風スープ。イタリアのミネストローネを思わせる野菜スープで、これに細切りパスタやラム肉が入っている。代わりにライスやクスクスが入っていることもあるそうだ。アラビックサラダも定番。小さい角切りのトマト、キュウリや豆などのミックスしたものにオリーブが載っている。いつもいつもこれが出るので、旅の最後はいい加減ワンパターンになったが。

リビアでは主食はフランスパンだ。黄色くモチモチした蒸しパンのようなのや、ホブス（ナンのようなパン）がでることもある。このレストランではホブスが売りのようだった。レバノンから来たもので、チーズが挟んであるのと、スパイシーな羊肉のミンチが挟んであるのが出てきた。チーズがとろける熱々のホブスは絶品で、彩乃はこればかりむしゃむしゃと食べ続けていたほどだ。ちょっと凝ったレストランらしく、シリアやヨルダンでよく出てきたホモス（ナスやひよこ豆のペースト、トマトとたまねぎの煮物など）も並んだ。メインディッシュはシルバーの細長いお皿にチキンカツや炭火バーベキューのケバブ、フレンチフライの盛り合わせ。なかなか豪華な晩餐である。羊が苦手な人でも、チキンもビーフもあって不自由しないし、どれもが日本人の口に合う。料理の美味しさはイタリアの植民地だった影響もあるのか。これにビールかワインでもあれば申し分ないのだが、禁酒だから仕方がないか……。

3国国境、砂漠に沈む夕陽

ガダメスはトリポリの南西650キロ、アルジェリアとチュニジアの国境に近い、サハラ砂漠東部のオアシスの町である。一歩足を延ばせば、果てしなく続く砂丘が姿を見せる。砂丘観光の拠点だが、それ以上にここの街並みはユニークで見ごたえがある。

旧市街には、灼熱の太陽に輝く漆喰の白い家並みが、アーケード状の細い迷路で繋がり、内部は外の暑さがウソのように涼しく過ごしやすい住居となっている。7つのメインストリート、7つのモスクや学校、市場跡もあり、実は25年前までは9000人もの人々がここで暮らしていたというのも納得できる。暗いトンネルのような細道をずんずん進んでいくと、行く手にぼんやりと明かり取りから差し込む光が見える。ちょっとした探検気分である。暗くて怖い時には歌を歌いたがる彩乃。リビアのオアシスで日本の歌を歌う変な親子の姿があった。

旧市街の中の民家にはベルベル人の芸術の粋を極めたような内装の家がある。赤を基調に、細かい刺繍が施されたクッションや絨毯に壁掛けが豪華である。なんと、ランチはここでクスクス料理が振舞われたのである。小粋なサービスであった。どこかのレストランの出前だが、絨毯の上にあぐらをかいて、アラブ風に皆でクスクスをスプーンですくって食べたのであった。

ガダメス旧市街の白い家並み。トンネル状の通路が延々と続いている。

上／クスクスは北アフリカの国々でポピュラーな料理。ポロポロの粉状のスパゲティにシチューをかけたもの。日本の鍋物のように皆が一緒にスプーンでつついて食べるのが習慣。
下／ガダメス郊外のサハラ砂漠。ここはチュニジアとリビアとアルジェリアの３国国境である！

ガダメスから車で20分も走ると、荒野に、美しい砂丘が見えてきた。彩乃は「大好きな砂漠だー！　やったー！」と大興奮。幅が広くスケールも大きく、結構標高もある砂丘だ。4WDがぐるっと脇の方から登っていくと、いつの間にか中腹にいて、そこからデューン・バッシングで、砂丘を猛スピードで上り下りする。すごいスリルにキャーキャー叫ぶ私たち。4WDを降りたら、歩いて砂丘の上に登っていく。滑りながら登ると、靴の中に砂がいっぱい入ってくる。太陽で温められ、生ぬるい砂だ。彩乃はアブドゥさんに手を引かれて、滑り落ちたり登ったりを繰り返し上機嫌だ。

真っ赤な太陽が地平線に沈む。そこはアルジェリアとチュニジアとリビアの3国国境なのだ。空に広がる羊雲をピンク色に染め上げていく夕陽。耳には砂漠を通り過ぎる風の音だけが聞こえる。遥か彼方まで永遠の広がりを見せるサハラ。大きなリビアという国の大半を占めるサハラ砂漠はここから無限の砂丘を見せてくれるのだろう。今見ているのが未知なる世界のほんの入り口でしかないことはわかっていても、いつの日かきっと出会ってみたいと、私は切に願っていた。

人間がちっぽけに見える広大な砂漠のほんのひとつのデューンにたたずみ、夕陽と、きれいな空とそして星空を眺めて、小さな彩乃はどんなことを思ったのだろうか。

未知なる壮大な遺跡に遭遇

砂漠ありオアシスありのリビアの魅力に圧倒され始めていたら、実はまだまだ甘かった。もうひとつ、すごいものが残っていたのだ。それは地中海に面して立つローマ時代の壮大な遺跡であった。

ガダメスからトリポリへの帰路、サブラータ遺跡に立ち寄った。北アフリカで最大の円形劇場と言われ、地中海に面して建つ3階建ての楽屋と客席のスケールの大きいローマ劇場である。ちょうど楽屋の隙間から海が見渡せるのが絵になる遺跡だ。背後が海というのは、海から吹く風に乗って舞台の上の声がよく客席に届くことが計算されている。365年の大地震や海水で崩れたものの、元どおり見事に修復されているのも驚きである。紺碧の海と青い空のもとで見るサブラータのすばらしさは、ヨルダンのペトラ遺跡を見たときの感動と匹敵するものであった。

サブラータ遺跡と同様に、1982年に世界遺産に登録されているレプティス・マグナ遺跡も必見である。こちらはトリポリから東へ200キロにある、やはり地中海に面した広大な遺跡だ。砂に埋もれていたため、良好な状態を保っているので、見ごたえ十分。まだ、全体の30％しか発掘されていなくて4平方キロという広さだから、将来すべてが発掘されたらすごい規模であろう。丁寧に見る人は2日もかけて朝から夕方までじっくり見る

上／地中海に面した円形劇場跡サブラータ遺跡はとても美しい形で保存されている。右／サブラータ遺跡に来ていたトリポリの家族。

上／レプティス・マグナ遺跡もリビアでサブラータ遺跡と並ぶすばらしい遺跡である。左／ナルート遺跡はクサール（穀物倉庫）の跡。ガイドのガファアージ氏と。

人もいるのだとか。私たちは2時間で駆け足の見学であった。

ゴージャスな大理石の公衆トイレだの、ジムやサウナの設備跡だの、競技場跡だの、天井のモザイク画の破片が転がっていたり。今では草が茂り花が咲き、バッタが跳ねるのどかな静けさに包まれている。かつてはここがどんな完全な形で存在し、どのような服装をした人々が暮らしていたのか、想像するだけでわくわくしてしまう。紀元前という太古の昔からここにあった、美しいレリーフが施されたオリジナルの円柱の破片の上に、私たちは平気で腰掛けている。こんなこと、日本では許されないだろう、絶対。

リビアを発つ日がきた。大の仲良しになったアブドゥさんとの別れが悲しいと、ずっと空港でべったり引っ付いている彩乃。昨夜、ホテルでアブドゥさんの似顔絵を描き、それをプレゼント。別れ際に、小さな紙袋を彼は彩乃に手渡した。ちょっと涙ぐみながら。彼は彩乃のためにプレゼントを用意してくれていたのだ。それは陶器製の可愛いバレリーナの人形だった。きっと安い給料なのに、なんていい人なのだろう。

そのバレリーナの人形は今でも彩乃の勉強机の一番いい場所に飾ってある。

子連れ旅行ワンポイント・アドバイス 16

子連れに向いている国なのか？

答えはイエス。ビザの取得が難しく４人でないと申請できないとか、旅人が自分で自由には動きにくいお国事情とか、独特の社会主義国でイスラムの国だとか、とっつきにくい要素が山積みだ。でも、実際行ってみると、リビアは素朴で親切な人々が暮らす普通の国であった。壮大な砂漠とローマ時代の遺跡。見所も豊富だし、子供もその自然美は十分に堪能できるはずだ。まだまだ、通向きのマニアックな国とも言えなくはないし、我々ファミリーが旅のプロだから、苦労して行ったという事情はあるが、それを差し引いても行ってみる価値はある。物価も驚くほど安い。

●**アリタリア航空**：ミラノかローマ経由（１泊）トリポリ行きのフライトが便利。日本からのフライトは和食かイタリアンのチョイス。イタリアンには大好きなチーズ「パルミジャーノ・レジャーノ」付きで感激だった。子供メニューのハンバーグとスパゲティも美味。

●**言語＆ガイド**：公用語はアラビア語。都市部の主要機関以外、英語はほとんど通じない。治安はいいが、規制が厳しい国なのでトラブルを避けるためにもスルーガイドを頼もう。

●**ホテル**：外国からの観光客がまだまだ少ないお国柄、ホテルのレベルは高くはない。地方のホテルでは英語もフランス語も通じなかった。一度、ガダメスのホテル「EL KAFILA（エルカフィラ）」★★★　でランドリーサービスを頼むと、そういうサービスは存在せず、たくさん頼んで洗濯してもらったのに無料だったのにはびっくり。

エピローグ

世界のどこにも辺境などない。……そう言うと、どうして辺境旅行記なんだと言われそうだが、やっぱりこれが結論。思うに、「辺境」とは自分の中のイメージで勝手に創り上げた存在にほかならないのだ。

辺境は危ない、子供など連れて行くべきではない。こうした思い込みが日本の社会では一般的だろう。テロや戦争があれば、中東は全部が危険だ、となり、SARSが蔓延すれば、アジアはすべて危ないとなる。

日本人だけではない。ヨーロッパでもそうだった。2003年のゴールデンウィーク、SARS蔓延時のクロアチア（旧ユーゴスラビア）旅行で、国境を越えて陸路でモンテネグロへ入国しようとした時のこと。入国審査官は我々が日本人と聞いて、FAR EAST（極東）の国民はSARSの疑いがあるから、医者の診断を受けよというのだ。はるばる20キロも離れた病院から白衣に手袋、特大マスクの完全装備のふくよかな女医さんがパトカーで駆けつけて来たのには笑ったが、からだを揺らして近づいてくるや、マスクと手袋をはずして握手を求めたのは、さすがに笑い話になった。これは無知のなせる業とはいえ、お粗末な思い込み、偏見である。彼らには日本人も中国人も、シンガポール人もアジアは十把ひとからげに皆危険だったのだ。でも、思えば日本人も同じ類の思い込みを「辺境」に抱いているわけだから、彼らを笑えないことにならないだろうか？

娘の彩乃が1歳から6歳にかけてのこの6年間、我々はたくさんの「辺境」と呼ばれる国々を旅した。それは「テロ直後」であったり、「危険度2」の国であったり、「戦争真っ只中」であったり。でも、頭で思い描いていたものと異なり、実際この目で見た「辺境」はすべての地が平穏であった。本当にここが辺境なのだろうか、と思わざるを得ないところばかりだった。

我々日本人にとって未知であり、辺鄙な遠い国というだけなのだが、そこでは人々が、子供たちが普通に暮らしている。危ない空気など皆無であった。どこを旅していても、子連れの私たちに人々はとても優しかった。むしろ、日本にいるより子連れに理解があって、協力的で、居心地がよかった。根っからの子供好きのおやじさんやオバチャンがどこにでもいて、社会全体で子供を育てているという、古き良き日本のような国も多々あった。自分が子供の頃を思い出して、私など懐かしい思いでいっぱいになったこともあった。子連れの旅にこれほどいいところはない、と再認識したわけである。

思い込みで危ない辺境を自分の中につくることだけは、もうやめてほしい。大きな意味でのボーダーレスを目指して、自分の可愛い子供だからこそ、広い世界を見せてあげてほしい。そんな気持ちを込めて、この本を書いた次第である。

最後に、愛すべき我が娘彩乃の近況をお伝えしよう。2003年4月、リビアの旅から帰って次の日、小学校の入学式に無事出席。それから毎日元気で学校へ通っている。その後も彩乃はドンドン海外へ連れ出している。いつまで旅行に連れて行けるかは見当もつかないが、少なくとも今は、我が家の旅行メンバーに彩乃は不可欠な存在となっている。必要に迫られて連れて行く旅行だが、連れて行く限りはいろんなことを学ばせ、感性を豊かにし、得るところのある旅をさせたいと願う私である。

クマ子？　彼女はもう残念ながら旅に連れて行くことはなくなった。でも、彩乃の可愛い妹の地位は今でも揺らいでいないと言っておこう。

2004年、とある日曜日、お絵描き中の彩乃の傍らにて

井原三津子

知恵の森文庫

1歳《さい》からの子連《こづ》れ辺境旅行《へんきょうりょこう》

井原三津子《いはらみつこ》

2004年2月15日　初版1刷発行

発行者―加藤寛一
印刷所―近代美術
製本所―関川製本
発行所―株式会社光文社
〒112-8011　東京都文京区音羽1-16-6
電話　編集部(03)5395-8282
販売部(03)5395-8114
業務部(03)5395-8125
振替　00160-3-115347

落丁本・乱丁本は業務部でお取替えいたします。
ISBN4-334-78272-8　Printed in Japan

お願い

この本をお読みになって、どんな感想をもたれましたか。「読後の感想」を編集部あてに、お送りください。また最近では、どんな本をお読みになりましたか。これから、どういう本をご希望ですか。

どの本にも誤植がないようにつとめておりますが、もしお気づきの点がございましたら、お教えください。ご職業、ご年齢などもお書きそえいただければ幸いです。

東京都文京区音羽一・一六・六
(〒112-8011)
光文社〈知恵の森文庫〉編集部
e-mail:chie@kobunsha.com